Thomas Zimmermann

Industrialisierung eines neuen Produktionsstandortes in China

Ein Leitfaden

Diplomica® Verlag GmbH

Zimmermann, Thomas: Industrialisierung eines neuen Produktionsstandortes in China.
Ein Leitfaden, Hamburg, Diplomica Verlag GmbH 2008

ISBN: 978-3-8366-6081-5
Druck Diplomica® Verlag GmbH, Hamburg, 2008

Bibliografische Information der Deutschen Bibliothek
Die Deutsche Bibliothek verzeichnet diese Publikation in der Deutschen
Nationalbibliografie;
detaillierte bibliografische Daten sind im Internet über
<http://dnb.ddb.de> abrufbar.

© Diplomica Verlag GmbH
http://www.diplomica.de, Hamburg 2008
Printed in Germany

Inhaltsverzeichnis

0. Einleitung

Zahlreiche Unternehmen in Deutschland und Westeuropa planen, in China eine Tochtergesellschaft zu gründen, um Marktanteile in Asien zu halten bzw. bestehende Geschäftskontakte weiter auszubauen. Zu diesem Schritt können die unterschiedlichsten unternehmenspolitischen Gründe führen; sie alle haben jedoch gemeinsam, dass zur Erhaltung der Kostenvorteile und dem damit verbundenen Wettbewerbsvorteil eine schrittweise Lokalisierung der Produktion notwendig ist.

Diese Arbeit befasst sich nun mit der Konzeption, Planung und Realisierung der stufenweißen Industrialisierung an einem Standort n China.

Schwerpunkte der Arbeit sind:
- Prozessmanagement und Prozessplanungsmethoden
- Methoden des Projektmanagements
- Übertragung von Methoden auf chinesische Gegebenheiten
- Erfahrungen und besonderes Wissen über China

Diese Arbeit setzt sich im Einzelnen mit allen Bereichen, die im Zusammenhang mit der Industrialisierung stehen auseinander, so zum Beispiel Standortauswahl und Personal, aber auch mit „weichen" Faktoren wie Kultur und Sprache.

Mein persönliches Bestreben ist es, für den angesprochenen Leser eine mögliche Vorgehensweise bei Lokalisierungsprojekten in China aufzuzeigen und auf die wichtigsten Werkzeuge und Ansätze, die zum Gelingen eines solchen Projektes notwendig sind, hinzuweisen.

Gleichzeitig versucht die Arbeit, den kulturellen Aspekt in China zu berücksichtigen und den erforderlichen Maßnahmen und Entscheidungen zugrunde zu legen.

1. China – allgemeine Informationen

1.1 Land und Leute

Die Volksrepublik China ist der flächenmäßig drittgrößte Staat der Erde mit fast 10 Millionen km². Mit über 1.3 Milliarden Einwohner ist China gleichzeitig das bevölkerungsreichste Land der Erde.

Seit der Gründung der Volksrepublik 1949 wird China von der kommunistischen Partei Chinas regiert.

Der längste Fluss Chinas ist mit 6.300 km der Jangtsekiang, der höchste Berg Chinas ist der Mount Everest mit 8.848 m, der größte See ist der Qinghai-See mit 5.000 km². Heute setzt sich die Volksrepublik aus 23 Provinzen (inklusive Taiwan), 5 autonomen Regionen, vier regierungsunmittelbaren Städten und zwei Sonderverwaltungszonen zusammen.

Die Landessprache ist Standardchinesisch, das Putonghua, welches auf dem Mandarindialekt basiert. Die Mehrheit der Bevölkerung verwendet diese Sprache. Daneben gibt es zahlreiche andere Sprachen wie Kantonesisch, Fukienesisch und das Hakka im Süden Chinas. Zusätzlich verfügt jede der nationalen Minderheiten über eine eigene Sprache oder einen eigenen Dialekt.

Obwohl die kommunistische Regierung offiziell den Atheismus vertritt, ist den Bürgern das Praktizieren ihres Glaubens innerhalb gewisser Grenzen gestattet. Die vorherrschenden Religionen sind der Buddhismus, Taoismus, Islam und das Christentum.

2. Aufgabenstellung

2.1 China – Die Wirtschaft

2.1.1 Historie

Angestoßen durch Deng Xiaoping, mit seiner in den 80er Jahren begonnenen Modernisierungspolitik einer schrittweisen Integration marktwirtschaftlicher Prinzipien, öffnet sich die Volksrepublik China (VR China) seither immer mehr in ihren außenwirtschaftlichen Beziehungen. Vorläufiger Höhepunkt dieser Öffnung war der Beitritt Chinas zur World Trade Organisation (WTO) im November 2001.

Innerhalb der Kommunistischen Partei Chinas (KPCh) kam es zu Auseinandersetzungen zwischen Befürwortern der anstehenden Reformen und konservativen Kräften, die einen Machtverlust der KPCh befürchteten.
Trotzdem wurde im Oktober 1992 im Zuge des 14. Nationalkongresses das Modell einer sozialistischen Marktwirtschaft verabschiedet. So mussten einzelne marktwirtschaftliche Entscheidungen nicht mehr über die politischen Prozesse entschieden werden, was nicht zuletzt zum aktuellen, rasanten Wirtschaftswachstum führte.

2.1.2 aktuelle Situation

Aufgrund der anhaltenden marktwirtschaftlichen Öffnung der VR China bietet China speziell für ausländische Investoren einen der größten Wachstumsmärkte der Welt. In den letzten Jahren haben sich zahlreiche ausländische Unternehmen in China angesiedelt und haben damit sehr gute Chancen, ihre Marktanteile auszubauen.
Momentan gibt es keine Anzeichen für eine Abweichung der aktuellen Politik und einer drohenden Rückkehr zur Planwirtschaft. Die Herausforderung für die VR China ist es indes, die Reformen sozialverträglich zu gestalten. Dazu zählt zum einen die wachsende Arbeitslosigkeit zu bekämpfen, zum anderen aber auch die Einkommensunterschiede zwischen der armen Landbevölkerung und des reichen Küstengebietes zu schließen und nicht zuletzt die Korruption einzudämmen.

Trotz einer aktuellen Abschwächung des Wirtschaftswachstums in China liegen die Wachstumsraten bei 8% und damit deutlich höher als im Rest der Welt.[1]

Am Beispiel der Automobilindustrie zeigt sich, dass bereits eine beginnende Sättigung des Binnenmarktes abzusehen ist und der Wandel hin zum Nachfragemarkt in vielen Bereichen vollzogen ist.
Die Zahl der neu gegründeten Unternehmen mit ausländischer Kapitalbeteiligung nahm im laufenden Jahr 2006 um rund 7,5 % ab. Das effektiv genutzte ausländische Kapital sank um ca. 2%[2].
Dies deutet darauf hin, dass sich die Investitionen ausländischer Unternehmen weg von der Produktionsindustrie und hin zur Dienstleistungsindustrie bewegen könnten.

2.1.3 Die Rechtskultur

Rechtliche Rahmenbedingungen sollen den Unternehmen die notwendige Sicherheit für ein Engagement in China bieten. Eine entsprechende Rechtskultur wurde jedoch nicht einheitlich, sondern vielmehr fallweise errichtet, was schließlich zu einer Vielzahl von Bestimmungen und Gesetzen führte, die zudem noch ständig weiterentwickelt werden.
Auch die Veröffentlichung von Vorschriften geschieht nur verzögert; die Bestimmungen entsprechen häufig nicht den aktuellen Anforderungen der Geschehnisse.
In der Vergangenheit wurde vermehrt von Vertragsbrüchen berichtet. Immer wieder wurden Fälle bekannt, in denen sich Unternehmen und Behörden nicht mehr an bestehende Verträge gebunden fühlten oder einzelne Bedingungen des Vertrages eigenmächtig änderten. Auch die Eintreibung von Forderungen wird durch die intransparente und unsichere Rechtslage erschwert.

In letzter Zeit allerdings hat sich die Situation wesentlich verbessert, hat der Staat erkannt, dass eine Umkehr der Rechtssituation hin zu Transparenz und Kommunikation notwendig geworden ist. Noch ist ein langer Weg für die

---

[1] Quelle: AHK China (2006)
[2] Quelle: Botschaft der Volksrepublik China in Deutschland (2006)

Volksrepublik zu gehen, um die Anforderungen der WTO zu erfüllen. Nach wie vor ist es schwer, rechtlich begründete Ansprüche durchzusetzen.

Durch das Fehlen einer Verwaltungsgerichtsbarkeit und der Abhängigkeit der Justiz von der Exekutive und Legislative sind Klagen gegen staatliche Organe meist aussichtslos.

2.2 Gründe für ein Engagement in China

Die Gründe für ein Engagement in China liegen hauptsächlich in der Chance, zunächst den lokalen chinesischen, später auch den gesamtasiatischen Markt zu erobern. Aufgrund des enormen Wirtschaftswachstums in China und der damit verbundenen steigenden Kaufkraft der Bevölkerung kann sich ein Markteintritt durchaus lohnen.

Als „Nebeneffekt" vor allem europäischer Unternehmen wird immer über die Möglichkeit der Warenrücklieferung nachgedacht, um dem Kostendruck in gesättigten Märkten entgegenzutreten. Die Risiken sind hier natürlich durchaus bekannt, vor allem die fehlende Qualität der Produkte trägt zu diesem Risiko bei. Trotzdem ist und bleibt es erklärtes Ziel, durch ein Engagement in China, dem stärker werdenden Kostendruck im heimischen Markt entgegenzuwirken.

Die Nähe Chinas zu den Zukunftsmärkten Russland und Indien stellt einen weiteren wesentlichen Grund für ein Engagement in China dar.

2.3 Abgrenzung

Die vorliegende Arbeit soll als Leitfaden zur Industrialisierung eines Standortes in China dienen.

Ausgehend von einer bereits getroffenen strategischen Entscheidung für ein Engagement in China stellt sich nun die Aufgabe, dieses Vorhaben umzusetzen. Das Produkt ist definiert und steht als Rahmenbedingung fest.
Die Aufgabe ist nun, eine optimale Verbindung der Gegebenheiten zu finden, die eine wirtschaftliche, strategisch sinnvolle und zukunftssichere Lösung darstellt.

Beginnend mit der notwendigen Standortauswahl und der daraus resultierenden weiteren Rahmenbedingungen schließt sich die Industrialisierung an.

Hier geht die Arbeit auf die Problemstellungen des Projektmanagements ein und versucht, Hinweise zur optimalen Struktur zu geben. Eine anschließende intensive Bearbeitung der Industrialisierung erfolgt immer unter dem Gesichtspunkt der Anwendung in China und der besonderen Anforderungen.

Zielsetzung ist es, einen umfassenden Überblick über die Anforderungen eines Industrialisierungsprojektes in China zu geben und alle wesentlichen Einflussfaktoren zu berücksichtigen.

Gerade für mittelständische Unternehmen, die ein Engagement in China planen, soll die vorliegende Arbeit eine Hilfestellung sein und Anhaltspunkte zur erfolgreichen Durchführung der Industrialisierung liefern.

3. Industrialisierung

Nach der oben angesprochenen Entscheidung für ein Engagement in China, folgt nun die eigentliche Planung des Vorhabens.

Im folgenden Kapitel wird die Vorgehensweise zur Industrialisierung vorgestellt, die sich in folgende Teilaspekte gliedert:

- Standortauswahl
- Machbarkeitsstudie
- Projektmanagement
- Lokalisierungskonzeption
- Industrialisierungsplanung
- Personalplanung

Um die vorliegende Arbeit in den entsprechenden Kontext einzubinden soll hier kurz auf den Ablauf des notwendigen Genehmigungsverfahrens eingegangen werden, um die einzelnen Fragestellungen im Laufe der weiteren Abhandlung abzuleiten. Die folgende Grundstruktur soll hierzu dienen.

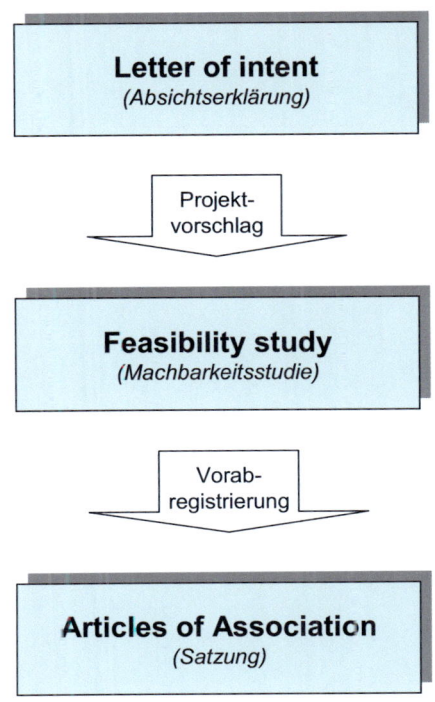

Bild 1: Ablauf des Genehmigungsverfahrens in China

Die Erstellung einer Absichtserklärung ist notwendig, um die Ziele und die Grundsätze der Unternehmung zu verdeutlichen. Der Letter of Intent (LoI) ist juristisch nicht verbindlich, sollte jedoch so konkret wie möglich formuliert sein. Außerdem sollte darauf geachtet werden, dass alle für die spätere Genehmigung erforderlichen Daten bereits enthalten und angesprochen sind. Dazu gehören die voraussichtlichen Investitionen, Stammkapital, Zuständigkeiten und Vorgehensweisen.

Aus der Erfahrung heraus ist es zu einem späteren Zeitpunkt sehr schwer, zusätzliche Punkte in die Genehmigung einzubringen, wenn diese nicht im LoI wenigstens angesprochen waren.

Im Folgenden wird nun auf die nächsten Punkte ausführlich eingegangen. Dazu gehört im ersten Schritt die Standortauswahl.

3.1 Standortauswahl

3.1.1 Allgemeine Vorbemerkungen

Der Auswahl des geeigneten Standortes kommt große Bedeutung zu. So sollten zahlreiche Rahmenbedingungen beachtet werden und einer Entscheidung zugrunde gelegt werden.

Die Standortauswahl sollte isoliert durchgeführt werden, d.h. ohne konkrete Detailzusammenhänge der Produktion oder sonstige Einflüsse. Grund hierfür ist eine Konzentration auf den optimalen Standort bezogen auf die herangezogenen Kriterien. Hintergrund ist hier zum einen, dass jede Provinz ihre eigenen Richtlinien zur Genehmigung hat mit den damit verbundenen spezifischen Vorgaben und zum anderen, dass sich die Auswahl des Standortes nicht an oberflächlichen Vorzügen oder Nachteilen festmachen sollte.

Daher wird im folgenden Verlauf eine konkrete Kriterienliste vorgestellt, bei deren Einhaltung eine schlüssige und vor allem nachhaltige Entscheidung getroffen werden kann. Im Laufe der Industrialisierung ändern sich immer wieder Bedingungen, die sich in keinem Fall auf die getroffene Standortentscheidung auswirken sollten.

Die AHK hat sich im Jahr 2003 eingehend mit diesem Thema befasst. Für einen ersten Überblick hat die AHK einen Vergleich verschiedener Provinzen erarbeitet. Die Tabelle zeigt diese Analyse.

	Peking	Shanghai	Guangdong	Tianjin	Jiangsu	Liaoning	Shandong
Verfügbarkeit qualifizierter Arbeitskräfte	2,3	2,0	3,0	3,0	3,1	2,7	3,2
Niedrige Lohnkosten	2,4	2,4	2,3	2,0	1,9	2,3	1,8
Lebensqualität	2,4	1,8	3,3	3,4	3,7	3,2	3,6
Bürokosten	3,4	3,4	2,6	2,4	2,4	2,8	2,3
Wohnkosten	3,5	3,5	2,6	2,6	2,5	2,7	2,6
Kooperationsbereitschaft der Verwaltung	3,1	3,0	2,8	2,8	3,0	2,9	3,0
Telekommunikation / Transport	2,7	2,6	3,0	3,2	3,4	2,9	3,2
Gewinntransfer	3,0	2,9	3,1	3,2	3,4	2,9	3,4
Bank - und Finanzdienstleistungen	2,2	2,0	3,3	3,3	3,5	3,2	3,4
Energieversorgung	2,7	2,8	3,0	3,1	3,2	2,8	3,3
Unterstützende Dienstleistungen	2,2	2,0	3,4	3,4	3,5	3,0	3,4
Gesamtnote	2,7	2,6	2,9	2,9	3,1	2,9	3,0

Bild 2: Standortvergleich, Quelle: AHK (2003)

Schon hier wird deutlich, welche Aspekte bei der Standortsuche zu beachten sind. Um nun zu einer generellen Vorgehensweise und Herleitung zu gelangen, ist eine detaillierte Betrachtung einzelner Elemente notwendig, die nachfolgend erläutert werden.

3.1.2 Nutzwertanalyse zur Standortauswahl

3.1.2.1 Methodik

„Die Nutzwertanalyse ist eine Methode, mit der – im Gegensatz zur Wirtschaftlichkeitsrechnung – Alternativen anhand mehrerer nicht monetärer Kriterien, die insgesamt den Nutzen charakterisieren, bewertet werden können. […]"
(Quelle: REFA (2005))

3.1.2.2 Die Vorgehensweise

Nachfolgend werden die fünf Schritte der Nutzwertanalyse dargestellt. Sie bieten einen Leitfaden der Umsetzung.

1	Ziele formulieren
2	Bewertungskriterien festlegen
3	Lösungsalternativen entwerfen
4	Bewertung
5	Auswertung

Bild 3: fünf Schritte der Nutzwertanalyse (nach REFA)

Das Ziel im vorliegenden Fall ist die Identifizierung des geeigneten Standortes. Die Bewertungskriterien werden sinnvollerweise im Team ermittelt, da die Entscheidung ganzheitlich sein muss. Als Leitfaden dient hier die Unterteilung nach folgenden Gesichtspunkten, die im Rahmen einer Brain-Storming-Sammlung als Moderationshilfe verwendet werden kann.

- Muss – Kriterien
- Kann – Kriterien
- K.O. – Kriterien und
- Wunsch – Kriterien

(nach REFA)[3]

Für die Bewertung ist die Methode der Vergabe von Prozentpunkten hilfreich, da sich die unterschiedlichsten Meinungen so zu einem gesamtheitlichen Bild zusammenfassen lassen.

Der Paarvergleich als Alternativmethode kann natürlich ebenso Verwendung finden. Nachfolgend finden Sie nur eine detaillierte Ansicht einer Nutzwertanalyse zur Standortauswahl.

Die ermittelten Werte sind beispielhaft, können jedoch für den Einzelfall durchaus von Interesse sein und neue Ansätze bringen.

---

[3] Quelle: REFA (2005)

Location comparison	Weighted index	weighted sub index	Score	Bewertung	Score	Bewertung	Score	Bewertung	Score	Bewertung	Score	Bewertung	Score	Bewertung	Score	Bewertung
Provinz																
Kunde & Markt	20%	100%	1,20	6,0	1,40	7,0	1,72	8,6	1,72	8,6	1,72	8,6	1,20	6,0	1,54	7,7
Entfernung Hauptkunde		20%	4	0,8	6	1,2	8	1,6	8	1,6	8	1,6	10	2	10	2
Entfernung Neukunde		20%	4	0,8	6	1,2	8	1,6	8	1,6	8	1,6	10	2	10	2
Transportkosten BRD->China		10%	6	0,6	4	0,4	8	0,8	8	0,8	8	0,8	2	0,2	2	0,2
Transportkosten in China		20%	4	0,8	6	1,2	8	1,6	8	1,6	8	1,6	9	1,8	10	2
Kundenforderung CNHTC		30%	10	3,0	10	3	10	3	10	3	10	3	0	0	5	1,5
Politische Faktoren	5%	100%	0,4	8,2	0,34	6,7	0,315	6,3	0,315	6,3	0,31	6,2	0,4	8	0,4	8
Genehmigungsverfahren		10%	10	1,0	6	0,6	6	0,6	6	0,6	6	0,6	8	0,8	8	0,8
Subventionen d. DVZ		20%	8	1,6	6	1,2	4	0,8	4	0,8	7	1,4	8	1,6	8	1,6
Unterstützungsleistungen		70%	8	5,6	7	4,9	7	4,9	7	4,9	6	4,2	8	5,6	8	5,6
Örtliche Rahmenbedingungen	20%	100%	1,3	6,3	1,64	8,2	1,32	6,6	0,54	2,7	1,18	5,9	0,34	1,7	0,99	5,0
Objektkosten [Miete, Kauf, Neu]		30%	1	0,3	5	1,5	6	1,8	3	0,9	2	0,6	4	1,2	8	2,4
Erschließungskosten		10%	8	0,8	10	1	6	0,6	4	0,4	7	0,7	2	0,2	0	0
Stand alone/ Nachbarschaft		25%	8	2,0	10	2,5	8	2	0	0	8	2	0	0	1	0,3
Öffentliches Verkehrsnetz		10%	8	0,8	8	0,8	8	0,8	0	0	4	0,4	0	0	0	0
Ver- und Entsorgung		20%	10	2,0	10	2	6	1,2	6	1,2	10	2	0	0	10	2
Klima		5%	8	0,4	8	0,4	4	0,2	4	0,2	4	0,2	6	0,3	6	0,3
Lieferanten/Industrieansiedlung	10%	100%	0,72	7,2	0,76	7,6	0,80	8,0	0,80	8,0	0,80	8,0	0,36	3,6	0,36	3,6
Zulieferer/AB-verfügbarkeit		60%	8	4,8	8	4,8	8	4,8	8	4,8	8	4,8	4	2,4	4	2,4
Dienstleistungen		20%	8	1,6	8	1,6	8	1,6	8	1,6	8	1,6	4	0,8	4	0,8
Hauptindustriezweige		20%	4	0,8	6	1,2	8	1,6	8	1,6	8	1,6	2	0,4	2	0,4
Personal	15%	100%	0,8	5,6	0,99	6,6	1,14	7,6	1,14	7,6	1,14	7,6	0,78	5,2	0,78	5,2
Verfügbarkeit		20%	6	1,2	6	1,2	8	1,6	8	1,6	8	1,6	6	1,2	6	1,2
Gehaltsniveau		30%	2	0,6	4	1,2	6	1,8	6	1,8	6	1,8	8	2,4	8	2,4
Qualifikation/Ausbildung		20%	8	1,6	9	1,8	8	1,6	8	1,6	8	1,6	2	0,4	2	0,4
Sprache [Englisch]		20%	10	2,0	10	2	10	2	10	2	10	2	2	0,4	2	0,4
Fluktuation		10%	2	0,2	4	0,4	6	0,6	6	0,6	6	0,6	8	0,8	8	0,8
Expats	5%	100%	0,4	8,8	0,37	7,3	0,435	8,7	0,435	8,7	0,44	8,7	0,09	1,7	0,09	1,7
Familienfreundlichkeit		10%	8	0,8	7	0,7	7	0,7	7	0,7	7	0,7	4	0,4	4	0,4
Medizinische Versorgung		30%	8	2,4	6	1,8	8	2,4	8	2,4	8	2,4	3	0,9	3	0,9
Lebensbedingungen/Sicherheit		20%	8	1,6	6	1,2	8	1,6	8	1,6	8	1,6	2	0,4	2	0,4
Unterkunft		20%	10	2,0	8	1,6	10	2	10	2	10	2	0	0	0	0
Schule, Kiga		20%	10	2,0	10	2	10	2	10	2	10	2	0	0	0	0
Entfernungen	10%	100%	0,7	6,8	0,64	6,4	0,8	8,0	0,84	8,4	0,88	8,8	0,76	7,6	0,76	7,6
Flughafen inkl. Zoll		20%	6	1,2	4	0,8	8	1,6	8	1,6	8	1,6	10	2	10	2
Seehafen incl. Zoll		40%	6	2,4	6	2,4	10	4	10	4	10	4	4	1,6	4	1,6
Autobahn		40%	8	3,2	8	3,2	6	2,4	7	2,8	8	3,2	10	4	10	4
Gebäude	10%	100%	0,9	9,4	0,86	8,6	0,5	5,0	0,9	9,0	0,88	8,8	0,9	9,0	0,5	5,0
Layout/Materialfluss/Stockwerke		50%	10	5,0	8	4	4	2	10	5	10	5	10	5	6	3
Beschaffenheit		30%	10	3,0	10	3	6	1,8	8	2,4	8	2,4	8	2,4	4	1,2
Erweiterbarkeit		20%	7	1,4	8	1,6	6	1,2	8	1,6	7	1,4	8	1,6	4	0,8
Synergien in der Konzernfamilie	5%	100%	0,3	6,4	0,1	2,0	0,02	0,4	0,02	0,4	0,24	4,8	0	0	0	0,0
Verwaltung		40%	4	1,6	0	0	0	0	0	0	7	2,8	0	0	0	0
Logistik		40%	8	3,2	2	0,8	0	0	0	0	2	0,8	0	0	0	0
Dienstleistungen		20%	8	1,6	6	1,2	2	0,4	2	0,4	6	1,2	0	0	0	0
Summe	100%		6,81		7,09		7,05		6,71		7,59		4,83		5,42	

Bild 4: Nutzwertanalyse zur Standortauswahl

Oft wird das Thema Produktivität im Zusammenhang mit der Standortauswahl genannt. Produktivität ist primär eine Größe, die vom Unternehmen an sich abhängig ist und erst in zweiter Ebene vom Standort. Top-Unternehmen sind nahezu an jedem Standort in der Lage, eine hohe Produktivität zu erreichen; allerdings benötigt dies im Einzelfall viel Zeit.

3.1.3 Das chinesische Immobilienrecht

Für eine Standortentscheidung ist es wichtig, sich über die Rahmenbedingungen des Immobilienrechtes zu erkundigen.

Alle Grundstücke in den Städten gehören dem Staat; alle Grundstücke auf dem Land gehören den Kollektiven. Weder Privatpersonen noch Unternehmen können Eigentümer eines Grundstückes werden, sondern ausschließlich über Landnutzungsrechte verfügen.

Prinzipiell gibt es zwei Arten von Nutzungsrechten, das „granted land use right" und das „allocated land use right". Das „granted land use right" berechtigt die Nutzung für eine bestimmte Zeit (i.d.R. 50 Jahre) und muss erworben werden. Es kann vermietet, verkauft oder mit einer Hypothek belastet werden.

Im Gegensatz dazu berechtigt das „allocated land use right" die Nutzung auf unbestimmte Zeit, der Erwerb ist jedoch für ausländische Unternehmen nicht möglich. In einem Joint Venture strebt der chinesische Partner häufig an, Landnutzungsrechte als Kapitaleinlage einzubringen. Ob dies vom ausländischen Gegenüber akzeptiert werden kann, sollte genau geprüft werden, da die Rechtslage noch nicht eindeutig geklärt ist.[4]

---

[4] Quelle: Corne, (2003)

3.2 Die Machbarkeitsstudie

Unabhängig von der gewählten Unternehmensform ist immer eine Machbarkeitsstudie notwendig und in jedem Fall anzuraten. Zunächst jedoch ein kleiner Überblick.

Grundsätzlich sind drei Unternehmensformen gesetzlich geregelt.

- Equity Joint Venture (EJV)
- Cooperative Joint Venture (CJV)
- Wholly Foreign Owned Enterprise (WFOE)

Aufgrund der Erfahrungen ausländischer Firmen in den letzten Jahren kommt für Neugründungen im Wesentlichen nur die WFOE in Betracht. Die Gefahr eines unerwünschten Technologietransfers kann so begrenzt bzw. verzögert werden (siehe Kapitel 3.3.1).

Die Vor – bzw. Nachteile einer Investition mit bzw. ohne chinesischem Partner werden im folgenden Bild 5 zusammengefasst.

Projekt mit chinesischem Partner	**Projekt ohne chinesischem Partner**
(-) vielfältige Reibungsverluste durch Interessenkonflikte	(+) schnelle Gründung
(-) Entscheidungsprozesse langwieriger	(+) flexiblere Unternehmensführung ohne chinesischen Partner
(-) Konfliktpotenzial in Managementpositionen	(+) besserer Know-How-Schutz
(-) potenzielle Probleme bei Kapitalerhöhungen	(+) geringeres Konfliktpotenzial (keine Verhandlungsprobleme)
(+) Kontakt – und Vertriebsnetz des Partners kann genutzt werden	(-) Markteintritt und – Erschließung ohne Unterstützung
(+) Aufteilung des Risikos	(-) ev. geringe Unterstützung bei Behörden
(+) Personalrekrutierung durch Partner	
(+) Kommunikation mit Behörden	

Bild 5: Vergleich der Projekte mit und ohne chinesischem Partner

Für jede Gründung ist eine Machbarkeitsstudie notwendig. Sie muss der zuständigen Behörde zur Genehmigung vorgelegt werden. Hier beginnt die Planungsphase der Industrialisierung, muss doch spätestens jetzt klar sein, welche Teile lokal gefertigt oder importiert werden, welche Maschinen zur Produktion eingeführt oder lokal bezogen werden etc.

Folgende Inhalte sind für die Studie erforderlich:

---

1. Vorstellung des Projekts: *Name, Adresse, Gesamtinvestition, registriertes Kapital, Rechtsform, Laufzeit*

2. Vorstellung der Partner: *Namen, Adressen, Produktspektrum, wirtschaftliche Kennzahlen und Bedeutung der Partner*

3. Gründe für das Investitionsvorhaben: *Vorstellung allgemeiner Ziele der Geschäftspolitik*

4. Gesamtinvestition, registriertes Kapital: *Form der Kapitaleinbringung, Neuinvestitionen, Aufbringung der Finanzierungsmittel*

5. Marktsituation und Umsatzplanung: *Generelle Beschreibung der Marktsituation, Umsatzplanung für die einzelnen Produkte*

6. Auswahl und Kosten der Fertigungsanlagen: *Begründung für Import bzw. lokale Beschaffung von Maschinen und Anlagen, Beschreibung der Fertigungstechnologie*

7. Beschaffungssituation für Rohstoffe, Energie und Transportmöglichkeiten: *Begründung für Zulieferungen aus dem Ausland, Darstellung der lokalen Beschaffungssituation*

8. Umweltschutz und Produktionssicherheit: *Vorstellung möglicher Emissionen und Maßnahmen zum Umweltschutz*

9. Management und Personal: *Angaben zu Zahl und Zusammensetzung des Personals, Einsatz entsandter Manager, Darstellung der Personalkosten, Organigramm*

10. Begründung der Standortwahl: *Darstellung der Vorzüge des Standorts, Lage und Verkehrsinfrastruktur*

11. Investitions- und Finanzierungsplan: *Darstellung der Gesamtinvestition einschließlich Anlage- und Umlaufvermögen, Finanzierungsstruktur, Finanzierungskosten*

12. Kosten- und Ertragsanalyse: *Ermittlung betriebswirtschaftlicher Kennzahlen, Rentabilität, Kapitalwert, interner Zinssatz, Amortisationsperiode*

13. Devisenausgleich: *Angaben zur Erwirtschaftung und Verwendung von Devisen*

Bild 6: Inhalte einer Machbarkeitsstudie (Quelle: Genehmigungsbehörde Jinan, Shandong Provinz (2005))

Im Allgemeinen sollten alle Fragen, die von der Machbarkeitsstudie aufgeworfen werden im Vorfeld erörtert und in das Projektmanagement übertragen werden.

Eine Machbarkeitsstudie wird im Idealfall direkt in eine Business-Planung überführt und sollte daher bereits sehr detailliert ausgeführt werden.

3.2.1 Die Maschinenlisten

Die Investitionen bilden die Basis einer jeden Machbarkeitsstudie; aus diesem Grund wird nachfolgend das Hauptaugenmerk auf die Maschinen und Anlagen gelegt.

Bild 7: Beispiel einer Maschinenliste für die Machbarkeitsstudie

In Bild 7 wurde ein möglicher Detaillierungsgrad dargestellt, der folgende Punkte enthält:

- Maschinentyp (mit Verwendungszweck und Hersteller)
- Importiert oder lokaler Bezug der Maschine
- Investitionen (lokal, importiert)
- Berechnung Maschinenanzahl (inkl. Grenzstückzahl)
- Taktzeiten mit Verfügbarkeitsfaktoren
- Flächenbedarf, Energie

Für zahlreiche Maschinen und Anlagen ist eine Einfuhrlizenz notwendig. Die Bestimmungen sind bei der zuständigen Zollbehörde anzufragen.

Für den Import von Gebrauchtmaschinen sind besondere Bestimmungen zu beachten; hier müssen insbesondere Maschinen gesondert eingeführt werden, die zwar benützt aber noch brauchbar sind, die neu aber lange gelagert wurden und neue Anlagen, die jedoch aus Gebrauchtteilen zusammengebaut wurde. Hier gilt generell, dass die Maschinen nicht älter als 10 Jahre sein dürfen. Der Antrag auf Einfuhr muss 90 Tage vor Verschiffung gestellt werden.

Ausnahmegenehmigungen sind durchaus möglich; dies bedeutet jedoch einen entsprechenden Mehraufwand.[5]

Nachfolgend ist beispielhaft eine Maschinenliste zur Erlangung einer Einfuhrlizenz dargestellt. Wichtig ist hierbei die exakte Benennung der Maschine und des Herstellers. Es ist durchaus üblich, bis zu drei mögliche Hersteller für eine Maschine zu benennen, sollte die Bestellung noch nicht getätigt worden sein.

商用车转向技术（山东）有限公司											
设备投资清单											
							2005	2006	2007		
				汇率 [€/CNY]:			10,27	9,82	9,33		
				[€/$]			1,25	1,25	1,25		
年	序号	工艺	设备 & 型号	供应商 & 产地	数量		价格 [T$]	价格 [TCNY]	年份		注释
2005											
	1	通用设备 清洗	清洗机 W-5-56-30	德国	2		100,00	1.027,00	1999		负责车间通用设备的维修、调整、重
	2	重启动及调节	手动工作台	德国	2		100,00	1.027,00	新		启动及培训
							200,00	2.054,00			
	3	总装									
	4	总装	手动装配台	德国	1		100,00	1.027,00	新		手动生产线（意见）
	5	作记号牌	印刷机 332RW-S	德国	1		100,00	1.027,00	新		
	6	产品测试	测试台	德国	1		100,00	1.027,00	1998		专用设备
							300,00	3.081,00			
							500,00	5.135,00			
2006											
	7	总装 清洗	清洗机 Powerjet 900	德国	1		100,00	982,00	新		清洗工艺质量高
	8	预装垫圈	手动工作区	德国	1		100,00	982,00	新		
	9	装配线	装配线 DGC	德国	1		100,00	982,00	1998		自动装配线
	10	产品测试	测试台	德国	2		100,00	982,00	1999		专用设备
	11	喷漆	漆间	德国	1		100,00	982,00	新		两个漆间，包括干燥设备
							500,00	4.910,00			
	12	测量设备 测量室	3D 测量设备 PRISMO	德国	1		100,00	982,00	新		新产品
	13	测量室	Konturograph LD 120	德国	1		100,00	982,00	新		
	14	测量室	外形检测	德国	1		100,00	982,00	新		
	15	测量室	Heliopan	德国	1		100,00	982,00	新		
	16	测量室	表面测量设备 MMQ44	德国	1		100,00	982,00	新		冶金工艺检测
	17	测量室	带锯	德国	1		100,00	982,00	新		转向机专用设备
	18	测量室	污垢检测	德国	1		100,00	982,00	新		包括所有设备
	19	测量室	手动台	德国	3		100,00	982,00	新		
							800,00	7.856,00			
							1.300,00	12.766,00			
合计							1.800,00	17.901,00			

Bild 8: Beispiel einer chinesischen Maschinenliste zur Erlangung der Einfuhrlizenz

Eine Beschreibung der Verwendung der Anlagen ist hilfreich bei der Begründung des Importes und kann zu einer Zollbefreiung führen. Hier bietet jede Provinz bzw. Entwicklungszone eigene Anreizsysteme und vergibt zollfreie Stati für bestimmte Technologien.[6]

Die Sonderbetriebsmittel sollten gemäß dem Beispiel der Maschinenliste ebenfalls detailliert aufgetragen werden und in gleicher Form in den Business Plan einfließen. Eine Beantragung der Einfuhrlizenz erfolgt mit der Maschinenliste, indem die

---

[5] Quelle: chin. Wirtschaftsministerium, Peking (2006)
[6] Kontakt: chin. Wirtschaftsministerium, Peking (2006)

Betriebsmittel der Anlage zugeschlagen werden. Damit sind die Sonderbetriebsmittel aktivierungspflichtig.

3.2.2 Kostenableitung

Zur weiteren Detaillierung erfolgt nun die Ableitung der Kostenstrukturen ausgehend von einer Betrachtung des Stammwerkes hin zum Vergleichswerk. Prinzipiell folgt die Methodik der Primärkostenbetrachtung und versucht, die künftige Kostenaufteilung vorauszusagen.

Aus den entwickelten Überlegungen zu den notwendigen Investitionen folgt nun zum ersten Male die Einbindung aller Überlegungen zu einem Gesamtbild der zukünftigen Unternehmung. Hier werden nun neben den Personalkosten auch die Material -, Kapital – und sonstige Kosten abgeleitet, strukturiert und bewertet.

Alle folgenden Untersuchungen dienen dem einzigen Zweck, ein möglichst realistisches Bild des neuen Standortes zu gewinnen. (vgl. Bild 9)

Zielkosten Stammwerk	Strukturableitung Vergleichswerk	Korrekturfaktoren			Zielkosten Vergleichswerk
Primärkosten		Fertigungstiefe / Automatisierungsgrad	standortspezifische Faktoren	Produktivität	
Personalkosten	direkt	Mehr - / Minderbedarf	Index	direkt	Personalkosten
	indirekt		Index	indirekt	
Materialkosten	lokal		1		Materialkosten
	cbu importiert		CIF, Zoll		
	ckd importiert	Mehr - / Minderbedarf	CIF, Zoll, CKD Mehrkosten	1	
Kapitalkosten	lokal		Aktivierung (gesetzl. Vorgaben)		Kapitalkosten
	importiert		CIF, Zoll		
	Betriebsmittel		Aktivierung (gesetzl. Vorgaben)		
	sonstige	Mehr - / Minderbedarf	Aktivierung (gesetzl. Vorgaben)	1	
sonstige Kosten	sonstige		1	1	sonstige Kosten

Bild 9: Methodik des Kostenvergleichs zwischen Stammwerk und Vergleichswerk

3.3 Das Projektmanagement

3.3.1 Allgemeine Vorbemerkungen

„Die Sprache ist die Quelle der Missverständnisse .." (A.d. Saint-Exupery)

Dies gilt insbesondere für internationale Projekte und bedeutet speziell für Projekte in China, auf das Projektmanagement besonderes Augenmerk zu legen. Der Erfolg eines solchen Projektes hängt im Wesentlichen von der geeigneten Projektplanung und Projektorganisation ab.
Die Zusammensetzung des Projektteams und die Auswahl der Teammitglieder sollte mit größter Sorgfalt durchgeführt werden.

Die vorliegende Arbeit geht auf die Besonderheiten des Projektmanagements bei der Industrialisierung eines Standortes in China ein. Ziel soll es sein, die wesentlichen Unterschiede zwischen der „westlichen" und „asiatischen" Art, Projekte abzuwickeln, aufzuzeigen.

3.3.2 Die Begriffe

Ein Projekt definiert sich als ein Vorhaben, das im Wesentlichen durch Einmaligkeit der Zielsetzung, der zeitlichen, finanziellen und personellen Begrenzung sowie einer projektspezifischen Organisation gekennzeichnet ist.[7]
Die vorliegende Arbeit geht im Schwerpunkt auf die Anforderungen des Projektmanagements in China ein.

---

[7] vgl. REFA (2005)

3.3.3 interkulturelle Aspekte des Projektmanagements

3.3.3.1 Entscheidungsstrukturen

- In Betrieben

  Die Rolle der Gewerkschaften ist im Arbeitsrecht geregelt. Es gibt ein Mitspracherecht bei Kündigungen, Arbeitssicherheit, Überstunden etc. Weiterhin dürfen Vertreter der Gewerkschaften an Sitzungen des Board of Directors teilnehmen.

  Die Gewerkschaft hat die Möglichkeit, durch Einflussnahme auf die Beschäftigten, den Arbeitsprozess zu hemmen oder zu unterstützen. Es gilt also die Gewerkschaft in Entscheidungen einzubinden und ein gutes Verhältnis aufzubauen.

  2% der Lohnsumme gehen an die Gewerkschaft, unabhängig davon, ob das Unternehmen Gewinne macht.

- In der Gesellschaft

  Die Kommunistische Partei (KPCh) hat stets ein waches Auge auf das gesellschaftliche Leben. Je kleiner die Stadt, in der sich das Unternehmen befindet, desto wichtiger ist die Partei für einen erfolgreichen Aufbau. Vor allem im Westen Chinas ist der Einfluss der Partei sehr groß.

- Im privaten Leben

  Die chinesische Bevölkerung lebt seit langer Zeit mit Überwachungen und Bespitzelungen. Wo früher hauptsächlich Kritiker scharf überwacht wurden, sind es heute auch die Ausländer, die ins Land kommen. So werden z.B. Fahrer, Hausangestellte oder Sekretärinnen über den Ausländer befragt. Informationen werden bei Bedarf gegen die Person oder das Unternehmen durchaus eingesetzt.

3.3.3.2 Das Management – Denken

Um ein möglichst effizientes Projektmanagement aufzubauen soll an dieser Stelle kurz auf die vorherrschenden Denkansätze der jeweiligen Kulturen eingegangen werden.

In China	In Deutschland
Hierarchisch	Teambezogen
Personenbezogen	Sachbezogen
Geimschaftsbezogen	Individuumsbezogen
Analoge Argumentation anhand von Beispielen	Logisch, analytisch (Ursache-Wirkung-Argumentation)

Bild 10: Unterschiede im Management-Denken

3.3.3.3 Führen in Projekten

Der Führungsstil in China unterscheidet sich vom deutschen und fließt somit auch in das Projektmanagement ein. Grundsätzlich ist in China ein paternalistischer Führungsstil angezeigt, also autokratische Entscheidungsphilosophie gepaart mit der gegenseitiger Verpflichtung zu unbedingter Loyalität. So kann der Führungsstil wie folgt beschrieben werden:

- Mitarbeiterführung durch eigenes positives Vorbild an Disziplin und Überzeugung
- Kooperativer Stil wird eher als Schwäche ausgelegt. Pluralistische Entscheidungen werden so interpretiert, als wüsste der Vorgesetzte nicht weiter.
- Kompetenz und Vertrauen ausstrahlen
- Sich für alle Belange der Mitarbeiter einsetzen (pater familias)
- Probleme ohne Gesichtsverlust für die Beteiligten lösen

Kritik zu üben hat keine Tradition in China und ist demnach unbekannt. Sollte es notwendig sein, Kritik zu äußern so sollte dies unter vier Augen stattfinden.

3.3.3.4 Die Betreuung

Der Betreuung kommt gerade bei chinesischen Geschäftspartnern eine wichtige Rolle zu. Chinesen sind eher betreuungsintensiv und verlangen eine sorgfältige Planung. Hier ein paar Informationen in Kürze:

- Aktivitäten unter der Woche und am Wochenende planen
- Nach Möglichkeit viele englischsprachige Delegationsteilnehmer
- Interner Zeitplan für Betreuung anfertigen, um jeweils den richtigen deutschen Kollegen verfügbar zu haben
- Dolmetscher bereitstellen, speziell bei technischen Fragestellungen
- Für möglichst geringe Transferzeiten zwischen Hotel und Firma sorgen

3.3.4 Die Terminplanung

Im Rahmen dieser Arbeit kann nicht auf die Detailableitung der Terminplanung eingegangen werden. Vielmehr soll anhand eines Beispiels die grobe Struktur dargestellt und besprochen werden.

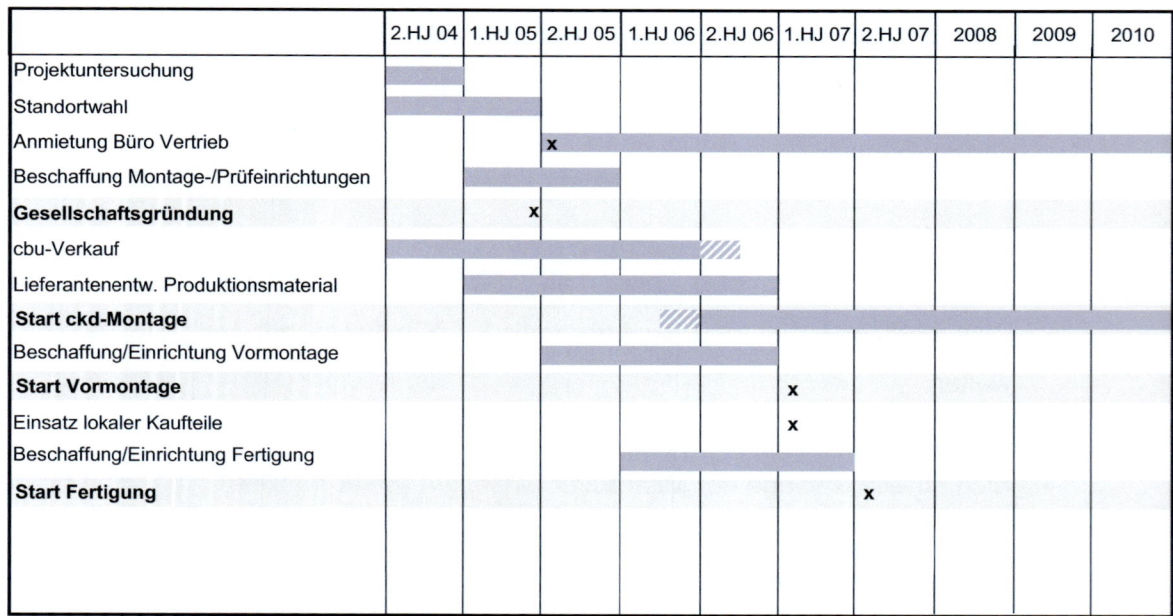

	2.HJ 04	1.HJ 05	2.HJ 05	1.HJ 06	2.HJ 06	1.HJ 07	2.HJ 07	2008	2009	2010
Projektuntersuchung										
Standortwahl										
Anmietung Büro Vertrieb			x							
Beschaffung Montage-/Prüfeinrichtungen										
Gesellschaftsgründung		x								
cbu-Verkauf										
Lieferantenentw. Produktionsmaterial										
Start ckd-Montage										
Beschaffung/Einrichtung Vormontage										
Start Vormontage						x				
Einsatz lokaler Kaufteile						x				
Beschaffung/Einrichtung Fertigung										
Start Fertigung							x			

Bild 11: Terminplan (beispielhaft)   /////. = Hochlauf / Auslauf   **X** = Start der Fertigung

Jeder einzelne Punkt des in Bild 11 dargestellten Terminplanes beinhaltet eine Vielzahl von notwendigen Aktivitäten.

Die wichtigsten Erkenntnisse sind allgemein gültig und lassen sich wie folgt zusammenfassen:

- Eine gründliche Projektuntersuchung dauert in der Regel 6 Monate. Sie beinhaltet die Machbarkeitsstudie, die internen Planungen und strategischen Ausrichtungen des Konzerns.
- Parallel dazu wird zwangsläufig der Standortauswahlprozess gestartet. Bis zum Abschluss aller Aktivitäten (Gebäude, Grundstück, Installationen, Genehmigungen) sollte durchaus ein Zeitraum von 12 Monaten veranschlagt werden.
- Ist eine positive Entscheidung für das Projekt gefallen, muss unmittelbar mit der Suche nach geeigneten Lieferanten begonnen werden; die Qualifizierung kann je nach Produkt sehr lang dauern.
- Gleichzeitig müssen zu diesem Zeitpunkt die ersten Maschinen geplant werden. In der Regel handelt es sich hier um Montageeinrichtungen.
- Um den Markt in China schon frühzeitig zu erschließen, werden Produktlieferungen aus dem Stammhaus heraus notwendig.

Die Lokalisierung muss so schnell als möglich stattfinden; der Wettbewerbsdruck nimmt allgemein zu und kann nur durch optimale Nutzung der Kostenvorteile erwidert werden. So spricht man von einer idealen Lokalisierungszeit von 2 Jahren, abhängig von der Komplexität des Produktes.

Gerade der chinesische Markt wandelt sich so schnell, dass die Reaktionszeit bei langsamer Lokalisierung zu kurz ist.

3.3.5 Controlling

Jede Unternehmung in China erfordert eine kontinuierliche Steuerung und Kontrolle durch das jeweilige Mutterhaus. Folgende Möglichkeiten haben sich hierfür bewährt:

- Direkter Austausch über das Tagesgeschäft (telefonisch, elektronisch)
- Schriftliche Berichterstattung
- Kurzbesuche
- Besetzung von Schlüsselpositionen

Aufgrund der Zeitdifferenz ist der direkte Austausch von Informationen des Tagesgeschäftes sehr schwierig und auf ein paar wenige Stunden am Tag beschränkt.

Umso wichtiger ist also, sicherzustellen, dass der Unternehmenserfolg konsequent vorangetrieben wird. In der Praxis hat sich demnach die Besetzung von Schlüsselpositionen mit eigenen Mitarbeitern des Stammhauses bewährt. Obwohl diese Variante relative hohe Kosten verursacht, liegen die Vorteile auf der Hand. Der Mitarbeiter ist bereits über die Ziele des Unternehmens informiert und kennt die grundsätzliche Ausrichtung der Unternehmung in der Regel bestens.

Unabhängig davon hängt der Erfolg sehr stark von der Unterstützung des Stammhauses ab. Speziell in Fragen des Qualitätsmanagements oder Technologiemanagements wird eine starke Förderung notwendig. Dies muss berücksichtigt werden, stellt dieser Umstand doch einen erheblichen Kostenaufwand dar

3.4 Das Lokalisierungskonzept

Die unter 3.2.2 angesprochene Strukturableitung und Korrektur setzt eine detaillierte Auseinandersetzung mit den örtlichen Gegebenheiten voraus und bedingt zusätzlich eine intensive Betrachtung der speziell in China vorherrschenden Rahmenbedingungen, die im Folgenden angesprochen werden.

3.4.1 Know-How-Schutz

Vermehrt muss bei Engagements in China auf die Gefahr des Technologiediebstahls hingewiesen werden. In der Vergangenheit waren vor allem Joint Venture – Organisationen betroffen, in denen der chinesische Partner das Know - How abziehen konnte und sich anschließend vom anderen Partner trennte.

Heute findet dies auch in WHOE Unternehmen statt, allerdings auf andere Weise. Jetzt erfolgt der „Diebstahl" im Verborgenen durch Kopieren von Zeichnungen, Einschleusen von Mitarbeitern des Wettbewerbers oder Abwerbung von Mitarbeitern.

Da sich ein Unternehmen nur schwer schützen kann sollte im Vorfeld eine Strategie zur Erhaltung der Wettbewerbsvorteile erarbeitet werden.

Hier wird im Rahmen der vorliegenden Arbeit auf die Kompetenzstrategie eingegangen.

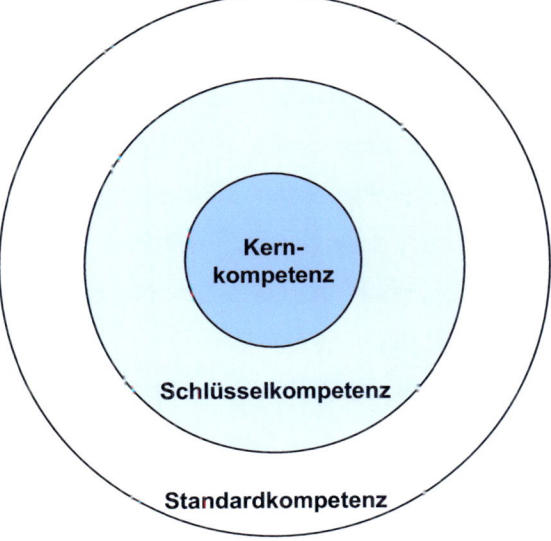

Bild 12: Kompetenzstrategie eines Unternehmens – Überblick

Um den entscheidenden Wettbewerbsvorteil (Kernkompetenzen) zu schützen, lautet die abgeleitete Empfehlung, Kernprozesse nicht zu lokalisieren und stattdessen möglichst zu importieren.

Am Beispiel der Fertigungstechnologie sollten die durch eine Kerntechnologie hergestellten Produkte nicht lokal in China gefertigt, sondern vielmehr von z.B. Europa nach China importiert werden. Natürlich stehen dem erhöhte Kosten gegenüber, die in der Wirtschaftlichkeitsrechnung berücksichtigt werden müssen.

Die Gründe für die Missachtung der seit längerer Zeit bestehenden Patentschutzrechte sind teilweise traditionell bedingt. So ist weiterhin die Meinung verbreitet, dass Wissen nicht einzelnen, sondern allen gehört. Dies sollte bei anstehenden Überlegungen unbedingt berücksichtigt werden.

3.4.2 Chinesische Lieferanten

Eine Lokalisierung wird im Wesentlichen auch von chinesischen Lieferanten bestimmt und sollte daher mit den örtlichen Gegebenheiten abgestimmt sein. So muss davon ausgegangen werden, dass bestimmte Technologien bei vergleichbarer Qualität nicht lokal bezogen werden kann. Dies trifft vor allem den Werkzeugbau und die Maschinenlieferanten. Wie im Kapitel 3.1.2 bereits angesprochen, ist die Lieferantenverfügbarkeit ein wesentliches Merkmal einer Standortentscheidung, die sich sehr stark auf die Kostenstruktur auswirken kann, sollte viel Unterstützungsleistung aus dem Heimatland erbracht werden müssen.

In den letzten Jahren haben sich vor allem die Entwicklungszonen um Shanghai sehr schnell entwickelt und bieten eine breite Palette an Zulieferungen. Im Anhang 1 finden Sie eine Auswahl der namhaftesten chinesischen Maschinenlieferanten.

Es ist also davon auszugehen, dass die chinesischen Lieferanten entwickelt werden müssen, um auf den erforderlichen Qualitätsstandard zu gelangen, dies muss bei der Lokalisierungsstrategie berücksichtigt werden.

Die Alternative wäre, ausländische Zulieferer in China zu nutzen; allerdings mit dem Nachteil, dass das Preispotenzial eines lokalen Lieferanten verschlossen bleibt. Die „Zwei – Lieferanten – Strategie" kann hier sehr hilfreich sein und mittelfristig zum gewünschten Erfolg führen.

Wo können ausländische Unternehmungen nun welche Zulieferungen realisieren? Dazu sehen Sie in Bild 13 eine Übersicht über die Beschaffungsregionen in China. Da die einzelnen Kundenanforderungen stets im Detail untersucht werden müssen, stellt diese Abbildung nur eine Hilfestellung bei der Suche dar. Es empfiehlt sich, externe Dienstleister bei der Lieferantensuche heranzuziehen bzw. auf ein bestehendes internationales Netzwerk des eigenen Unternehmens zurückzugreifen.

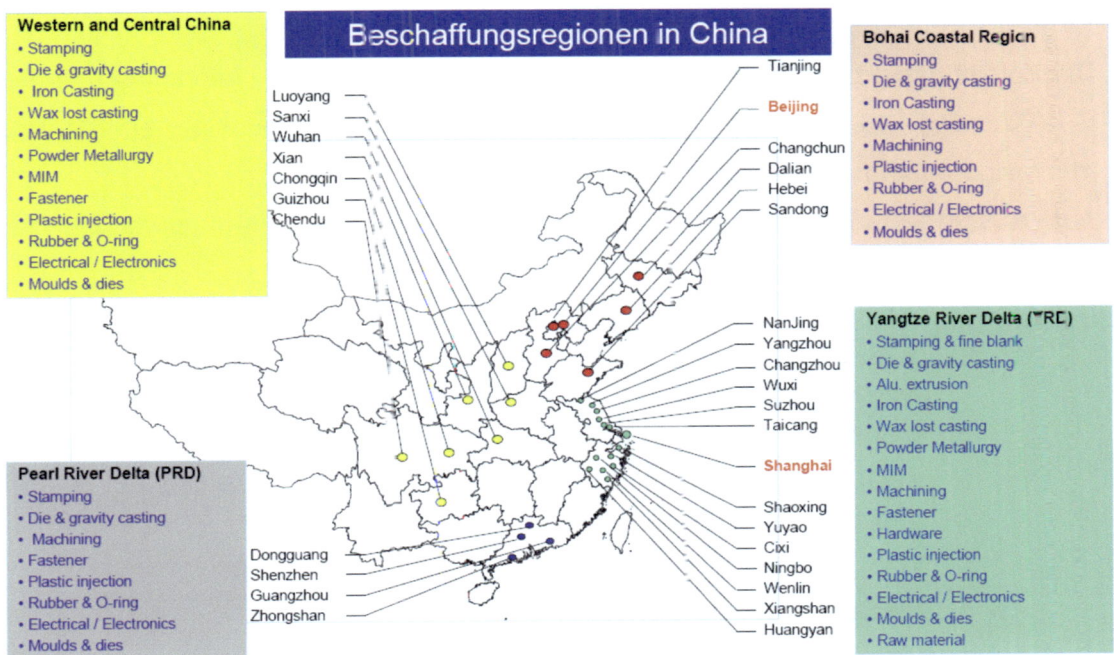

Bild 13: Beschaffungsregionen in China (Quelle: gps-logistics (2006))

3.4.2.1 Die Lieferantenqualifizierung

Die Lieferantenqualifizierung stellt einen nicht zu unterschätzenden Bestandteil einer erfolgreichen Unternehmung in China dar, ist die lokale Beschaffung von Produkten ein wesentlicher Faktor, die wirtschaftlichen Ziele zu erreichen. Allgemein lässt sich sagen, dass in der Zwischenzeit vor allem an der Küstenregion eine gute Lieferantenstruktur entstanden ist und qualitativ auch hohe Anforderungen erfüllen können. Mit der steigenden Qualität und Zuverlässigkeit der Zulieferungen stieg jedoch auch der Preis, so dass viele Unternehmen mittlerweile im Landesinneren erneut auf Suche gehen, um weitere Kostenvorteile zu sichern.

Je nach Technologiebedarf ist für die Lieferantenqualifizierung ein Zeitraum von ca. 2 Jahren (bei anspruchsvoller Anforderung) zu veranschlagen und entsprechend im Projektplan einzupflegen. Weiterhin ist eine intensive Betreuung des Lieferanten notwendig.

3.4.2.2 Die Vorgehensweise

Die Zeit ist das größte Problem bei der Suche nach geeigneten Lieferanten und der Qualifizierung ausgewählter Zulieferer. Daher ist es unbedingt erforderlich, frühzeitige Anstrengungen zu unternehmen.

Aufgrund der sprachlichen Barrieren ist es zunächst ratsam, alle verfügbaren Quellen zu aktivieren, um die Zulieferersituation zu analysieren.[8]

In Bild 14 wurde eine empfohlene weitere Vorgehensweise dargestellt.

1. **Auswahl von Pilotteilen**
2. **Identifikation potentieller Lieferanten**
3. **Vorbereitung der Anfrageunterlagen**
4. **Mobilisierung der Lieferanten**
5. **Versand der Anfrage und Eingang der Angebote**
6. **Analyse der Angebote**
7. **Lieferantenbesuche**
8. **Abschließende Verhandlung und Letter of Intent (LOI)**
9. **Lieferantenaudit**
10. **Ausweitung des Ansatzes auf andere Teile**

Bild 14: Vorgehensweise zur lokalen Beschaffung in China

Die Strategie der Pilotteile hat sich in China als nützlich erwiesen, da sich hier die potenziellen Lieferanten zum einen an die Qualitätsanforderungen aber auch an die Technologie annähern können. Aus diesem Grund sollten die gewählten Pilotteile möglichst viele Technologien beinhalten. Eine Pilotphase verringert das Risiko unerwarteter Probleme und bietet für folgende Teile eine gute Chance für zügige und erfolgreiche Lokalisierung.

---

[8] siehe Kapitel 6, Informationsquellen und Kontaktadressen

Wie oben erwähnt nimmt die Identifikation von möglichen Zulieferern eine lange Zeit in Anspruch. Eine gründliche Suche und Auswahl potenzieller Lieferanten erhöht den Rücklauf und die Qualität der Angebote. Gerade in China ist der persönliche Kontakt sehr wichtig. Eine einmalige e-mail Anfrage wird meist nicht beantwortet. Hilfreich ist hier zunächst ein Telefonat, ein persönlicher Besuch und die Bereitstellung ausführlicher Unterlagen zum eigenen Unternehmen. Nur so lässt sich eine zuverlässige Kunden – Lieferanten – Beziehung aufbauen. Auch während des eigentlichen Prozesses der Angebotsanalysen muss weiterhin der Kontakt gepflegt, der Lieferant in allen Belangen unterstützt werden. Die Vereinbarungen zu Qualität, Lieferung, Zahlung und Terminplänen können nur auf diesem Weg kommuniziert werden.

3.4.3 Technologie und Produktion

Ein großes Problem ist die Umsetzung des Technologietransfers vom Stammhaus zum chinesischen Unternehmen. Schwierigkeiten sind meist in der interkulturellen Kommunikation und sehr unterschiedlichen Verfahrenstechnologien zu suchen. Die Übertragung von Technologien sind entsprechend zeit – und kostenaufwändig.
Zusätzlich dazu fehlen häufig die technischen Kenntnisse im Umgang mit modernen Technologien. Oft gibt es keine geeigneten Wartungsmöglichkeiten für transferierte Anlagen und schließlich gibt es keine Managementerfahrung vor Ort, um die auftretenden Fragestellungen zu begleiten.
In der Startphase der Unternehmung ist der Austausch von Technikern zu empfehlen; es stärkt die Verbundenheit der Mitarbeiter. So können spezifische Problemstellungen erörtert werden und führen schließlich dazu, die gegenseitigen Ansprüche und Probleme kennen zu lernen.

Besonderes Augenmerk sollte auf die Qualitätskontrolle gelegt werden. Die Einführung und Einhaltung eines effektiven Qualitätsmanagements gehört zu den wichtigsten Aufgaben eines Engagements in China. Staatliche Behörden können hier teilweise unterstützen und zumindest hinsichtlich Messraumausstattung für Entlastung sorgen.

3.4.4 Die Fertigungstechnik

Die Anpassung der Fertigungstechnik an die lokalen Gegebenheiten ist von zentraler Bedeutung, gilt es doch den Standortvorteil effektiv zu nutzen. Ein „blindes" Kopieren von Fertigungstechnik ist hierbei nicht zielführend.

Die Anforderung an die Unternehmen ist also, das Technologieportfolio so zu bestimmen, dass im Ergebnis ein hoher Standardisierungsgrad entsteht und gleichzeitig für sämtliche Standorte geeignet ist.

Die Einflussfaktoren hierfür sind neben der Stückzahl auch die Variantenvielfalt, die Komplexität der Fertigung, die Mitarbeiterqualifikation und natürlich die lokalen Faktorkosten.

Im Ergebnis kann ein wirtschaftlicher Erfolg nur dann erzielt werden, wenn die Fertigungstechnik und die eingesetzten (standardisierten) Technologien an die lokalen Gegebenheiten angepasst wird, um die Standortvorteile tatsächlich zu erzielen.

Zunächst muss der neue chinesische Standort entscheiden, welche Technologien aus dem Stammwerk übernommen werden können und welche zunächst angepasst werden müssen.

Für China heißt das konkret, im ersten Schritt den Automatisierungsgrad zu senken. Alle Handlingsaufgaben lassen sich manuell erledigen. Auf keinen Fall darf jedoch die Reduzierung der Automation zu Qualitätseinbußen führen; qualitätsrelevante Automation sollte möglichst belassen werden. Erst im nächsten Schritt kann die Komplexität der Fertigungstechnik an die lokalen Aspekte angepasst werden. Hier gilt es vor allem, den Ausbildungsstand der Mitarbeiter zu bewerten. Die größte Gefahr ist stets, die Qualitätsanforderungen sicherzustellen. So muss sich der Produktionsleiter immer die Frage stellen, wie der Qualitätsstandard an jeder einzelnen Einrichtung prozesssicher eingehalten werden kann.

Viele Unternehmen arbeiten hier mit einfachen Abfragen, die bei Nichterreichung bestimmter Werte oder nicht ausgeführten Arbeitsabläufen eine schlichte rote Lampe als sichtbares Zeichen einsetzen. Der Einsatz eines „Supervisors" hat sich ebenfalls bewährt; in der chinesischen Arbeitswelt ist dieses Vorgehen bekannt und akzeptiert

3.5 Die Industrialisierungsplanung

Nach Ermittlung der Rahmenbedingungen kann nun eine detaillierte Herleitung der erforderlichen Ressourcen erfolgen und lässt sich an folgender Definition ermitteln.

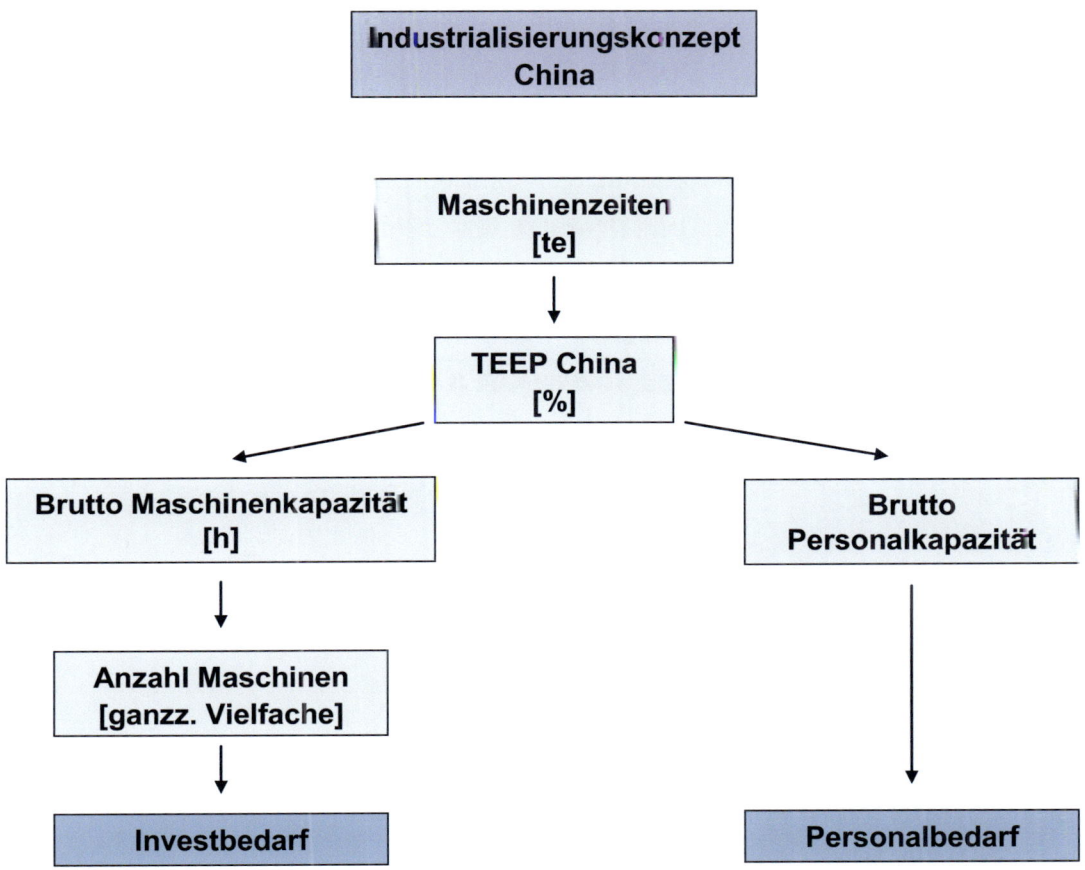

Bild 15: Definition Industrialisierung China

Ausgangspunkt bilden die geplanten Maschinenzeiten für die Herstellung des Produktes auf Basis der bestehenden Produktion bei einer Verlagerung bzw. auf Basis theoretischen Fertigungszeiten. Dieses integrale Vorgehen bietet den Vorteil, konkrete Ansätze zur Definition der zu erwartenden Produktion in China zu erzeugen.

3.5.1 Die Kennzahlen

Speziell für die Industrialisierung in China sind veränderte Kennzahlen notwendig und für das technische Controlling unbedingt zu empfehlen.

3.5.1.1 Der TEEP – Total effective equipment productivity

Die Kennzahl TEEP beschreibt sehr gut die effektive Produktivität und stellt speziell in China ein unverzichtbares Steuerungselement dar. Bezogen auf die produzierten Gutteile erhält man sehr schnell den Überblick über sämtliche Anlagen der Fertigung.

$$\text{TEEP} = \frac{\text{Anzahl Gutteile x Taktzeit in sec}}{\text{theoretisch verfügbare Arbeitszeit (24 Std.) x 3600 sec}} \times 100 \qquad [\,1\,]$$

Vergleichswert TEEP $_{China}$ = 70%

3.5.1.2 Die OEE – Overall equipment effectiveness

Im Unterschied zur TEEP berücksichtigt die OEE alle geplanten Stillstandszeiten zur Bestimmung der realen Effektivität.

$$\text{OEE} = \frac{\text{Anzahl Gutteile x Taktzeit in sec}}{(\text{theoretisch verfügbare Arbeitszeit (24 Std.)} - \text{geplante Stillstandzeiten}) \times 3600} \times 100 \qquad [\,2\,]$$

Zur besseren Darstellung dient Bild 16.

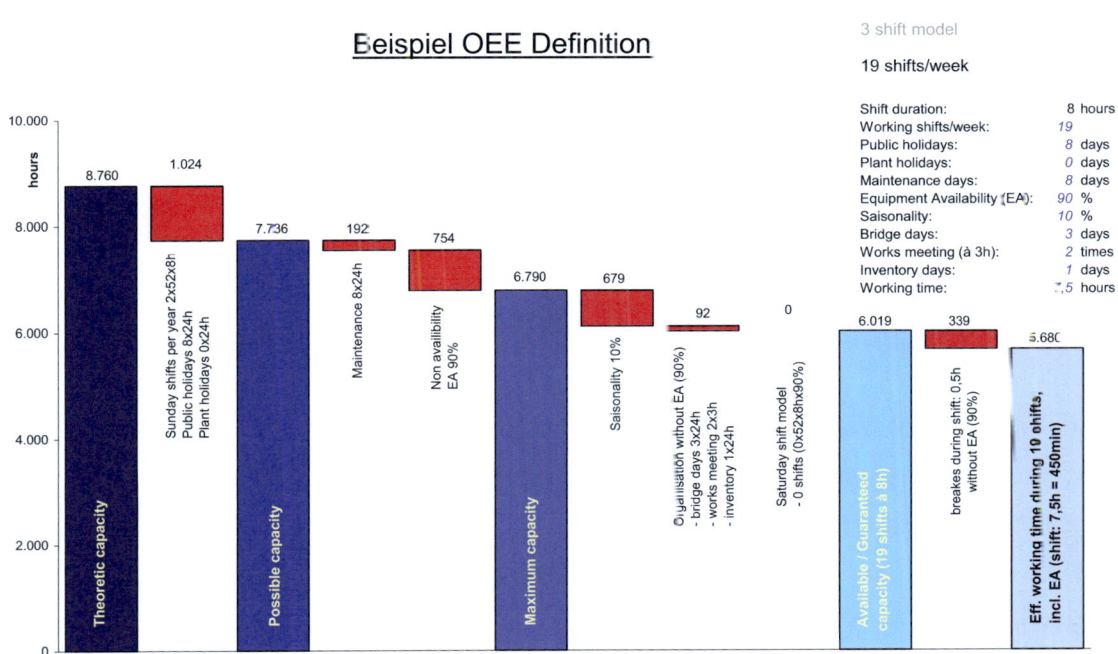

Bild 16: Beispiel OEE Definition

Die OEE ist ein hervorragendes Steuerungselement der Fertigungskapazitäten, da sowohl beeinflussbare als auch nicht beeinflussbare Anteile transparent und entsprechend interpretiert werden können.

So lassen sich zum Beispiel Schwankungen der Bedarfe leicht ausgleichen und örtliche Gegebenheiten anpassen um nur zwei Beispiele zu nennen.

3.5.1.3 Der „China – Faktor"

Für die grundsätzlichen Betrachtungen, die zunächst erforderlich sind, muss ein allgemeiner Ansatz festgelegt werden, der „China-Faktor".

Aus dem TEEP lässt sich als Erfahrungswert ca. 30% ansetzen, der allerdings als zu konservativ einzuschätzen ist. Bewährt hat sich ein realistischer Wert von 25% - Aufschlag bezogen auf alle Produktivitätskennzahlen bezogen auf die vorhandenen Werte der heimischen Fertigung.

Der „China – Faktor" von 25% wird nun sowohl bei Maschinenzeiten als auch bei personengebundenen Zeiten berücksichtigt. Er dient aber auch zu einer realistischen

Einschätzung des Projektterminplanes. Die Erfahrung zeigt, dass ein genereller Aufschlag von 25% der Realität entspricht.

Die so ermittelten Ergebnisse können nun in die unter Kapitel 3.2.1 eingeführte Maschinenliste eingetragen und weiterverarbeitet werden.

3.5.2 Die Industrialisierungsstrategie

Im Kapitel 3.3.1 wurde schon auf die Problematik des Know – How – Schutzes hingewiesen, die natürlich ebenso Berücksichtigung finden muss bei der Frage nach der Industrialisierung.
Abgeleitet von der Frage nach den Kernkompetenzen und der Beachtung der vorgenannten Rahmenbedingungen wie der Personalsituation lässt sich nun folgendes Bild entwickeln:

	# 1	# 2	# 3	# 4	# 5
Montage	🏭	🏭	🏭	🏭	🏭
Standardtechnologie	importing	🏭	🏭	🏭	🏭
Schlüsseltechnologie ohne Zukunftspotenzial	importing	importing	🏭	🏭	🏭
Schlüsseltechnologie mit Zukunftspotenzial	importing	importing	Importing	🏭	🏭
Kernkompetenz	importing	importing	importing	importing	🏭

Bild 17: Industrialisierungsplan (schematisch)

Im ersten Schritt erfolgt die Industrialisierung mit der Montage bzw. mit dem letzten Produktionsschritt zum Gesamterzeugnis. Danach muss eine detaillierte Betrachtung der Industrialisierungsstufen erfolgen, bei der die Vorgehensweise in Bild 17 als Hilfestellung betrachtet werden kann.

Die Abbildung berücksichtigt keine kaufmännischen und vom Wettbewerb erzeugten Zwänge sondern richtet sich ausschließlich an der Kompetenzstruktur des Unternehmens aus. Um die Unternehmensziele zu erfüllen, ist eine Lokalisierung unumgänglich; sie bildet natürlich die Grundlage eines erfolgreichen Engagements in China zur Nutzung des Lohnkostenvorteils. Der Schaden durch den Verlust eines Alleinstellungsmerkmals oder von Kernkompetenzen und damit verbundenen Wettbewerbsvorteilen darf dabei jedoch nicht unterbewertet werden.

Im Idealfall lässt sich daher der Industrialisierungsplan nach Kompetenz in Einklang mit der kaufmännischen Planung bringen. Zumindest sollte dies zum Ziel erklärt werden und bei strategischen Überlegungen einbezogen werden.

3.5.3 Die Hochlaufstrategie

Die Hochlaufstrategie hat großen Einfluss auf einen erfolgreichen Start der Unternehmung. Neben allen technischen Voraussetzungen ist auf jeden Fall auch hier der oben erwähnte „China – Faktor" zu berücksichtigen.

So ist in vielen Fällen davon auszugehen, dass die Mitarbeiter noch keinerlei Erfahrung mit den zu produzierenden Produkten haben und zunächst gründlich angelernt werden müssen. Auch nach der Einarbeitung wird einige Zeit notwendig sein, um das Erlernte zu festigen. Die Erfahrung zeigt, dass die erste Phase des Hochlaufes von intensiven Schulungs – und Überwachungsaktivitäten gekennzeichnet wird. Die Produktivität wird deutlich langsamer steigen, was sich mit Hilfe der im Kapitel 3.5.1 erarbeiteten Kennzahlen steuern lässt.

Für einfache Montagearbeiten sollten zunächst zwei Wochen Anlernzeit vorgesehen werden. Die anschließende Phase der Festigung der Kenntnisse nimmt noch einmal bis zu zwei Wochen in Anspruch, auch um die Mitarbeiter auf die notwendigen Qualitätsforderungen hinzuweisen und diese zu überprüfen.

Je komplexer die Fertigung gemäß Lokalisierungsplan wird, desto intensiver muss die Einarbeitungsphase durchgeführt werden. Es ist keine Seltenheit, dass diese Phase bis zu 6 Monate dauert.

In Bild 18 sehen sie schematisch die unterschiedlichen Hochlaufstrategien.[9]

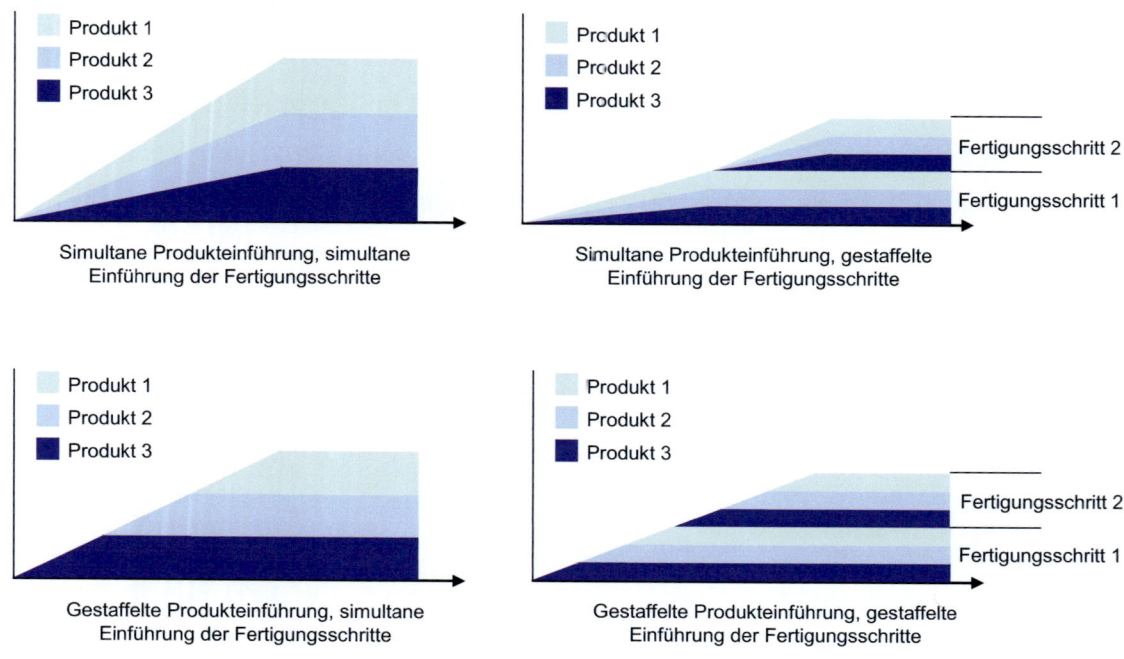

Bild 18: Hochlaufstrategien

Selbstverständlich hängt die Hochlaufstrategie sehr stark vom jeweiligen Markt und dessen Anforderungen ab. In der Praxis hat sich eine stufenweise Einführung der Fertigung bei gleichzeitiger Einführung der Produkte bzw. Produktvarianten bewährt.

3.5.4 Aufbau von Entwicklungstätigkeiten

Stellt ein Unternehmen ein globales Produktionsnetzwerk auf, so muss es sich gleichzeitig auch Gedanken über die zukünftige Ausrichtung ihrer Entwicklungstätigkeit machen und entsprechend anpassen. Die globale Produktion erfordert eine effektive Schnittstelle zwischen Entwicklung und Produktion, um den jeweiligen Anforderungen gerecht werden zu können.

Grundsätzlich muss man zwischen Applikationen und Forschung unterscheiden. Im globalen Netzwerk wird die Forschung im Normalfall am Stammhaus angesiedelt sein und die verbundenen Werke nach der Leitwerk – Philosophie versorgen. Nicht zuletzt aus Gründen des Know-How-Schutzes ist dieses Vorgehen durchaus sinnvoll.

---

[9] nach: Abele, Kluge, Näher (2006)

In der Praxis haben sich folgende Szenarien als erfolgreich herausgestellt und speziell für ein Engagement in China bewährt.

Um den lokalen Anforderungen des Produktes gerecht werden zu können, ist eine Applikationsentwicklung notwendig; schon um dem Kunden die so wichtige Nähe zu demonstrieren. Sollte der chinesische Markt komplett neue Anforderungen stellen, dass eine neue Plattformentwicklung notwendig wird, ist auch diese vor Ort zu etablieren. Es macht keinen Sinn, diese Aktivitäten aus dem Stammhaus heraus zu unternehmen.

Neben der Produktentwicklung ist es erforderlich, auch die Fertigungstechnologieentwicklung zu diskutieren. Werden Technologien aus dem Stammhaus nach China transferiert, so ist es sinnvoll, die Technologieentwicklung im Stammhaus zu belassen. Die Anpassung an lokale Aspekte und Ausnutzung des Lohnkostenvorteils muss ohnehin vor Ort stattfinden.

Werden jedoch neue Fertigungstechnologien verwendet, muss über lokale Aktivitäten nachgedacht werden. Auch hier ist ganz besonders auf den Know–How-Schutz zu achten.

In jedem Fall ist ein standardisiertes Vorgehen bei Entwicklungsprozessen erforderlich. Nur so lässt sich vermeiden, dass sich Standorte selbständig machen und die Informationen und Erkenntnisse nicht mehr im Sinne eines Verbundes funktionieren.

3.5.5 Der globale Fertigungsverbund

Globalisierung bedeutet Internationalisierung der Märkte und geht mit einer zunehmenden Integration der gesamten Weltwirtschaft einher. Die Veränderungen beziehen sich auf politische, ökonomische, technische und gesellschaftlichen Rahmenbedingungen. Diesen Veränderungen erstens gerecht zu werden und zweitens mit den immer neuen Gegebenheiten zurecht zu kommen, ist die Herausforderung des globalen Fertigungsverbundes.

China befindet sich in einer Situation, in der die Zulieferindustrie recht stark ausgeprägt ist. Dies ist die Grundlage für nunmehr mittlere Unternehmen, in China Fuß zu fassen und eine Unternehmung zu gründen. Die Aufgabe heißt heute nicht mehr, die Lieferantenbasis erst aufzubauen, die Anforderung lautet, die guten zu finden und weiterzuentwickeln.

3.5.5.1 Logistik

In diesem Zusammenhang muss natürlich auch auf die Anforderungen an die Logistik eingegangen werden, spielt sie doch eine zentrale Rolle in einem globalen Fertigungsverbund. Die Aufgabe lautet, die Koordination der Lieferbeziehungen zwischen Lieferanten und Kunden aber auch zwischen den einzelnen Standorten durchzuführen. Dazu gehört das Transportmanagement mit Verpackungskonzepten, die Distributionslogistik und selbstverständlich die Organisation von einer werksübergreifenden Produktionsplanung.

Der Nachteil eines globalen Verbundes ist stets der hohe Transportaufwand, um die richtigen Teile an die entsprechenden Werke zu liefern. Die Transportzeiten steigen, die Anhängigkeiten wachsen und schließlich bleibt die Herausforderung, die Kommunikation aufrecht zu erhalten. Während bei Produktionsstandorten in Europa der Anteil der Logistikkosten am Verkaufserlös ca. 5% beträgt, muss bei chinesischen Standorten mit einem Anteil von bis zu 20% gerechnet werden.[10]

Die Lösungskonzepte können sehr unterschiedlich aussehen; sie hängen sehr stark vom Produkte und der Anzahl der Verbundstandorte und deren strategischer Ausrichtung ab.

Trotzdem soll an dieser Stelle darauf hingewiesen werden, dass speziell der Transport in China gewisse Risiken birgt, die beachten werden sollten.

So kann es durchaus vorkommen, dass trotz sorgfältiger Planung und Vorbereitung aller Unterlagen die dringend erwartete Lieferung von Maschinen im Zollhafen stehen bleibt, da angeblich noch wichtige Dokumente fehlen. In solchen Fällen hilft meist nur noch die persönliche Beziehungsebene, die z.B. durch ein schönes Abendessen aufgebaut werden kann. (vgl. Kapitel 4)

---

[10] Quelle: Abele, Kluge, Näher (2006)

3.6 Die Personalplanung

3.6.1 Personalsituation

China stellt als bevölkerungsreichstes Land der Erde auch den größten „Markt" für Mitarbeiter. Diese Tatsache bietet zum einen natürlich viele Chancen, birgt jedoch andererseits auch Risiken, die erkannt werden müssen.

Im Folgenden werden stichwortartig die wesentlichen Elemente behandelt.

In den Küstenregionen Chinas finden ausländische Investoren sehr gut ausgebildete und qualifizierte Mitarbeiter vor, die neben den höheren Kosten (verglichen mit China – Niveau) auch die Gefahr der erhöhten Fluktuation stellen. Die Mitarbeiterbindung ist in China nicht stark ausgeprägt und folgt teilweise dem amerikanischen Modell. In den ländlichen Gebieten sinkt der Anteil qualifizierter Mitarbeiter schnell. Der Kostenvorteil muss so finanziert werden durch zusätzliche Qualifizierungsmaßnahmen, die wiederum ebenfalls die Fluktuation erhöhen. Noch dramatischer wirkt sich ein Training im Ausland bei der Muttergesellschaft aus; die Gefahr der Abwanderung nach Abschluss des Trainings ist allgemein sehr groß. Daher muss unbedingt auf Möglichkeiten zur Vermeidung der Mitarbeiterfluktuation hingewiesen werden. (vgl. Kapitel 3.6.3)

3.6.2 Das Arbeitsrecht

Grundsätzlich gelten die chinesischen Vorschriften nur für chinesische Mitarbeiter. Allerdings sind die wesentlichen Merkmale auch für Ausländer gültig und müssen beachtet werden. So sind die Arbeitszeiten, Urlaubsregelungen oder Arbeitssicherheitsrichtlinien für alle geregelt.

Voraussetzung für die Anstellung eines Ausländers ist es, dass die Tätigkeit nicht durch einen chinesischen Mitarbeiter ausgeführt werden kann. Grundsätzlich dürfen Unternehmen einzelne Verträge mit ihren Mitarbeitern schließen, müssen diese jedoch durch die lokale Behörde zertifizieren lassen. Hier empfiehlt sich, einen Mustervertrag mit der Arbeitsbehörde abzustimmen.

Abschließend ist zu bemerken, dass sich die arbeitsrechtlichen Prinzipien in China immer stärker an den westlichen Standard angleichen.[11]

3.6.3 Vermeidung der Mitarbeiterfluktuation

Im folgenden Kapitel sollen Möglichkeiten aufgezeigt werden, die Mitarbeiterfluktuation zu minimieren. Bewährt haben sich generelle Anreizsysteme. Dazu zählen:

- Einzahlung von Gelder in einen betrieblichen Fonds, aus dem der Mitarbeiter nach Ablauf von 5 Jahren Firmenzugehörigkeit ca. 25%, nach Ablauf von 10 Jahren 75% erhält.
- Der Bau eines Wohnhauses für Mitarbeiter und ihre Familien vor dem Hintergrund der schlechten Lebensbedingungen vor allem im ländlichen Raum, steigert die Unternehmensbindung und schließt die in China sehr wichtige familiäre Bindung mit ein.
- Zahlung von regelmäßigen Prämien je nach Zugehörigkeitsdauer und entsprechender Position. Die Hierarchieebenen werden in China respektiert und forciert. Die Beförderung von chinesischen Mitarbeitern zeigt den übrigen Mitarbeitern die Chance zum Aufstieg.
- Regelmäßige Auslandsreisen für bewährte Mitarbeiter, die sich damit von anderen Mitarbeitern abheben und entsprechend „belohnt" werden.
- Unterstützung der Ausbildung von Kindern der Mitarbeiter, um diese im Unternehmen zu halten.

Eine vertragliche Bindung z.B. bei Auslandtrainings im Mutterkonzern ist zu empfehlen, wenn auch nur schwer durchzusetzen. Die Verpflichtung eines Mitarbeiters auf Einhaltung des Vertrages ist eine langwierige Angelegenheit und nicht als generelle Strategie zu empfehlen.

---

[11] vgl. IHK Pfalz (2006)
vgl. Heuser, R. (2004)

3.6.4 Die Personalbeschaffung

Die Personalbeschaffung gestaltet sich teilweise schwierig. Je nach Standortentscheidung können Probleme bei der Rekrutierung gut ausgebildeter Mitarbeiter auftreten.

Folgende Methoden können für die Personalbeschaffung genutzt werden.

- „Guanxi". Durch die Nutzung informeller Kontakte. Diese „chinesische" Art der Personalbeschaffung ist meist die erfolgreichste. Zum Beispiel gelingt dies über bereits bestehende Kontakte zu anderen Firmen.
- Job-Börsen sind sehr beliebt in China. Sie arbeiten auf einer Internetplattform und zielen eher auf Berufsanfänger bzw. Absolventen ab.
- Arbeitsvermittlungen, die es in jeder Provinz gibt, erhöhen die Wahrscheinlichkeit erfahrene Mitarbeiter zu finden.
- Kooperationen mit Hochschulen mit entsprechender Unterstützung durch Spenden oder Praktikaangeboten
- Zeitungsanzeigen sind eher weniger verbreitet, bieten aber in Ballungsräumen durchaus Chancen.
- Mittlerweile gibt es zahlreiche Beratungsfirmen, die geeignete Mitarbeiter finden. Dies ist jedoch nur für Führungskräfte oder Spezialisten sinnvoll.

Die Besetzung von Führungspositionen ist von großer Bedeutung für jede Unternehmung in China. Hier muss unbedingt eine geeignete Persönlichkeit gefunden werden. Sie muss die nötige Ruhe ausstrahlen, Gelduld, Gelassenheit, Zielstrebigkeit und vor allem freundliche Hartnäckigkeit besitzen. Die kulturelle Kompetenz kann hier nicht hoch genug eingeschätzt werden.

Vor allem in Führungspositionen können so genannte „Expatriates", also Entsandte, nicht vermieden werden. Hier ist in jedem Fall die familiäre Situation zu beachten und durch interkulturelle Trainings entsprechend darauf vorzubereiten.

3.6.4.1 Einstellung ausländischer Mitarbeiter in China

Der Einstellung von ausländischen Mitarbeitern in China wird in dieser Arbeit ein eigenes Kapitel gewidmet, da hier zahlreiche Besonderheiten zu beachten sind.

- Das Unternehmen muss zunächst ein Antragsformular bei der zuständigen lokalen Behörde eineichen. Dazu sind folgende Unterlagen notwendig: Lebenslauf, Absichtserklärung des Beschäftigungsverhältnisses, Begründung der Beschäftigung, Angaben zur Qualifikation des Mitarbeiters und ein Gesundheitszeugnis.
- Nachdem die lokale Behörde den Antrag genehmigt hat, muss der Arbeitsgeber die Unterlagen an die Arbeitsbehörde weiterleiten. Diese stellt die eigentliche Einstellerlaubnis aus. Hierzu werden folgende zusätzliche Unterlagen benötigt: Die Satzung des Unternehmens (Articles of association), die Genehmigung und Geschäftslizenz (business licence).
- Erst jetzt kann das notwendige Visum beantragt werden. Hierzu muss der Arbeitsgeber noch das entsprechende Einladungsschreiben verfassen.
- Nach der Einreise des Mitarbeiters muss der Arbeitgeber bei der Arbeitsbehörde die zu den vorhandenen Unterlagen noch den eigentlichen Arbeitsvertrag vorlegen, um nun die Arbeitserlaubnis ausstellen zu lassen.
- Abschließend beantragt der Mitarbeiter das Dauervisum.

3.6.5 Die Personalentwicklung

Der Begriff des Lernens ist in China von großer Bedeutung. So wird vom Unternehmen auch erwartet, dass Weiterbildungsmöglichkeiten angeboten werden. Chinesische Mitarbeiter nehmen gerne an solchen Maßnahmen teil. Üblicherweise erfolgen die Trainings vor Ort. Um zusätzliche Anreize zu schaffen, greifen einige Unternehmen auf Trainings im Stammhaus zurück. Hier ist jedoch darauf zu achten, dass die entsprechenden Mitarbeiter im Unternehmen verbleiben.

3.6.6 Strategien

Grundsätzlich gibt es verschiedene Möglichkeiten der Beschäftigung. Die zumeist für komplexe und technisch anspruchsvolle Produkte notwendige Fertigungstechnologie bedingt die langfristige Beschäftigung von Mitarbeitern. Nur so lässt sich sicherstellen, über gut ausgebildetes Personal zur Herstellung der Produkte zu verfügen. Natürlich sind die Kosten hierfür deutlich höher, was sich jedoch in jedem Falle auszahlen wird. Gerade hier müssen nun die oben angesprochene Maßnahmen zu Verhinderung der Mitarbeiterfluktuation getroffen werden.

Dem gegenüber steht nun die kurzfristige Beschäftigungsstrategie, die sich nur für technische einfache Herstellungsprozesse eignet. Hier wird der Fokus auf die Minimierung der Arbeitskosten gelegt. Dazu ist notwendig, die Produktion so einfach wie möglich zu gestalten, um möglichst keine Anlernzeit zu benötigen. Der Nachteil liegt zumeist auch in der geringeren Produktivität der Mitarbeiter, die jedoch durch die sehr geringen Arbeitskosten kompensiert wird.

4. China - Spezial

Das folgende Kapitel befasst sich mit den Sitten und Gebräuchen, den geschäftlichen Gepflogenheiten und den kleinen Geheimnissen im großen Land China.

Es soll dem Leser als Leitfaden dienen, eben diese Sitten und Gebräuchen zu kennen und natürlich für die eigenen Zwecke einzusetzen. Mittlerweile sind unzählige Bücher und Aufsätze zu diesem Thema erschienen, so beschränkt sich folgende Aufstellung auf die wichtigsten Punkte, gestützt auf eigenen Erfahrungen.

4.1 Warum es wichtig ist, die Verhaltensweisen zu kennen

Bestimmte Verhaltensweisen stoßen bei westlichen Besuchern oft auf Unverständnis. Dazu zählt sicherlich der Hang vieler Chinesen zu rücksichtsloser Drängelei, lautem Geschrei oder gar das „Auf-den-Boden-spucken", um nur einige Beispiele zu nennen. Diese Verhaltensweisen sind Überbleibsel aus der maoistischen Zeit, in der sich nur derjenige nicht verdächtig machte, der sich möglichst "proletarisch" verhielt.

Diese Verhaltensweisen spiegeln sich natürlich auch im Geschäftsleben wider und erfordern einen sensiblen Umgang mit diesen „Traditionen".

4.1.1 Guanxi

Das so genannte „Guanxi" ist ein zentraler Begriff im chinesischen Geschäftsleben und bezeichnet das persönliche Netzwerk, auf das sich viele geschäftlichen Entscheidungen gründen.

Der Aufbau persönlicher Beziehungen ist entscheidend für den Erfolg und kann nicht hoch genug angesehen werden. Ausländische Geschäftspartner sollten hier ihr ganz besonderes Augenmerk legen.

Guanxi ist immer eine persönliche Verbindung und verpflichtet beide Partner. So kann zum Beispiel auch auf die jeweiligen Kontakte des anderen zurückgegriffen werden. Guanxi kann bereits durch den Besuch der gleichen Universität entstehen, oder in der Vergangenheit in der gleichen Firma gearbeitet zu haben.

4.1.2 Yin und Yang

Yin und Yang entstammt aus der daoistischen Philosophie und nimmt noch heute einen großen Stellenwert im Leben der Chinesen ein. So wirkt sich Yin und Yang auch im Geschäftsleben aus.

Yin und Yang stehen für Gegensatzpaare, wie sie in folgender Grafik dargestellt sind.

Yang	Yin
männlich	weiblich
oben	unten
warm	kalt
vorwärts	rückwärts
aufwärts	abwärts
Expansion	Kontraktion
Aufsteigen	Absinken
Feuer	Wasser
hell	dunkel

Bild 19: Yin und Yang Gegensatzpaare (Quelle: www.wikipedia.de)

Ziel ist es, die Gegensätze zu vereinen und so zur angestrebten Harmonie zu gelangen. Im Geschäftsleben drückt sich dies vor allem bei der Überreichung der Visitenkarten oder Geschenken aus. In dem mit beiden Händen gegeben wird, schließen sich Yin und Yang und symbolisieren den angestrebten Einklang der Gegensätze.

4.1.3 Das Land des Lächelns

Das Lächeln trifft man im Geschäftsleben in allen Situationen an und kann vereinzelt zu Irritationen führen. So lächelt das chinesische Gegenüber auch bei gegensätzlichen Anlässen.

Hier kommt der Begriff des „Gesichtsverlustes" ins Spiel und muss kurz erläutert werden. Chinesen werden niemals öffentlich Emotionen zeigen, da dies als Schwäche gilt. Auch in einem kritischen Moment in Verhandlungen wird der chinesische Partner Stimmungen mit einem Lächeln zeigen. Es ist teilweise schwer, die eigentliche Bedeutung zu erkennen.

Hinter allem jedoch steckt der Versuch, einen Gesichtsverlust zu vermeiden und Konflikte ohne Eskalation zu beenden.

Im Straßenverkehr beispielsweise wird gehupt und gedrängelt, keiner zeigt jedoch seine Emotion mit Gesten an. Vielmehr kann es passieren, dass ein Drängler ein „Lächeln" erbt.

4.2 Sitten und Gebräuche

4.2.1 Die Begrüßung

Das Händeschütteln ist in China zwischenzeitlich akzeptiert und vor allem bei Geschäftskontakten üblich. Trotzdem ist eine gewisse Zurückhaltung speziell bei der Begrüßung von Damen zu empfehlen.

Ein zu fester Händedruck wird in China als unhöflich empfunden.

Hat man Kenntnis über Titel oder Funktionsbezeichnung so wird eine Verwendung gerne gesehen. (z.B. boshi (Doktor), laoshi (Lehrer) oder jingli (Manager))

Die Überreichung der Visitenkarte wie auch aller anderen Dinge erfolgt mit beiden Händen. (Yin und Yang)

Die Visitenkarte ist Teil der Person und sollte entsprechend behandelt werden. So gilt es als unhöflich, die Visitenkarte nicht zu lesen und gleich wegzustecken. Auf keinen Fall sollte die Karte in die Hosentasche gesteckt werden.

Am besten ist es, die Visitenkarte vor sich auf den Tisch zu legen; so hat man auch einen guten Überblick über die Teilnehmer.

Es ist sehr hilfreich, sich die Namen und die entsprechenden Personen einzuprägen.

4.2.2 Small Talk

Der Small Talk ist ein guter Einstieg in jede Form von geschäftlichen Kontakten. So werden hier bereits die ersten persönlichen Beziehungen geknüpft bzw. vertieft.

Politische Themen, Menschenrechte oder gar innerpolitische Fragen sollten nicht angeschnitten werden. Andererseits wird es gerne gesehen, sich nach der Familie zu erkundigen, die Kultur zu loben oder gezielte Fragen über Sehenswürdigkeiten oder die Tradition zu stellen.

In diesem Zusammenhang ist anzumerken, dass die Auseinandersetzung mit der Kultur Chinas sehr gerne gesehen wird. Die Chinesen sind stolz auf Ihre Geschichte und ihre Kultur. Mögliche Gesprächsthemen in diesem Zusammenhang könnten zum Beispiel sein: chinesische Medizin, Handel (Seidenstraße), Kaiserzeit oder aktuelle Themen wie die anstehende Olympiade.

4.2.3 Essen und Trinken

Essen und Trinken ist für einen geschäftlichen Erfolg von großer Bedeutung, werden doch hier die Beziehungen gefestigt und die eine oder andere Entscheidung getroffen. Eine Einladung zum Essen sollte also in jedem Falle angenommen und gegebenenfalls erwidert werden.

Vor allem im Norden Chinas herrscht eine ausgeprägte Tradition bezüglich Essen und Trinken. So gibt es eine Sitzordnung an den üblichen runden Tischen, die speziell im Geschäftsleben von Bedeutung ist. Hier sitzt der Einladende meist am weitesten von der Tür entfernten Platz, rechts neben ihm der erste Gast, links neben ihm der zweitwichtigste Gast. Dem Gastgeber gegenüber sitzt der im Rang Folgende rechts neben ihm der drittwichtigste Gast und so weiter.

Das Essen an sich ist dann recht zwanglos und man sollte sich nicht über das Schmatzen der Chinesen wundern, so wird unterstrichen, wie sehr die Speisen schmecken. Wichtig ist, sich nicht die Nase am Tisch zu putzen oder die Essstäbchen in den Reis zu stecken.

Der Trinkkultur jedoch muss noch ein Absatz gewidmet werden. Es kann vorkommen, dass während eines Geschäftsessens sehr viel Alkohol getrunken wird.

Hier gelten besondere Gesetze, die vor allem dem Gesichtsverlust anzurechnen sind. So ist es verpönt so betrunken zu sein, dass man gestützt werden muss oder gar ausfallend wird.

Es ist ratsam, vor dem Essen zu entscheiden, ob Sie mittrinken möchten. Mit einem Hinweis auf ein einzunehmendes Medikament kann im Vorfeld der Genuss von Alkohol abgelehnt werden.

4.2.4 Die Geschenke

Zu diesem speziellen Punkt gibt es eine Vielzahl von Ratgebern, die mit Tipps und Tricks aufwarten, um die typischen Stolpersteine bei der Auswahl von Geschenken für chinesische Geschäftspartner zu umgehen.

Hier eine kleine Auswahl:

4.2.4.1 „erlaubte" Geschenke

- Roter MontBlanc
- Etwas aus der Heimat (Wein, Schnaps, Mozartkugeln)
- Werbegeschenke des Unternehmens
- Pralinen, Schokolade
- Fotoapparat, Fernglas
- Etwas für die Kinder

4.2.4.2 „nicht erlaubte" Geschenke

- Regenschirm (symbolisiert Trennung)
- Storchfiguren (symbolisiert den Reiher als Todesvogel)
- „made in China"
- Blumen oder Bildbände aus Deutschland (unattraktiv)
- Wand – oder Standuhren („Zeit abgelaufen")

4.2.5 Symbolik

Symbole haben nach wie vor einen starken Einfluss im Privat – und Berufsleben. Hier eine kleine Einführung:

- Glückszahlen : 5,8,9
- Unglückszahlen: 4,14 (Aussprache „si" ist identisch mit Tod)
- Glücksfarben: rot und gelb
- Unglücksfarben : schwarz und weiß (stehen für Tod)

4.3 Verhandlungen mit chinesischen Partnern

Geschäftsverhandlungen sind generell wichtig und schwierig, besitzen in China noch zusätzlich eine ganz besondere Bedeutung für den Erfolg. Die Ursachen liegen in den traditionell sehr stark ausgeprägten kulturellen Besonderheiten von Verhandlungen.

4.3.1 Handlungsempfehlungen – eine Auflistung

- Es ist meist nicht einfach, die tatsächlichen Entscheidungsträger am Verhandlungstisch zu identifizieren. Oft treten die eigentlichen Entscheider bewusst in den Hintergrund, um die Situation und das Gegenüber kennen zu lernen.
  Tipp: Beim ersten Arbeitsessen wird der Chef dann erstmalig aufgrund der Sitzordnung als solcher zu erkennen sein. (siehe 4.2.3)

- Oft dauern Verhandlungen sehr lange. Es ist keine Seltenheit, über einen einzigen scheinbar unwesentlichen Punkt einen ganzen Tag zu verhandeln. Gründe sind zum einen die schwierige Kommunikation und die fehlende Bereitschaft, Entscheidungen zu treffen (Chinesen scheuen sich meist, direkte Verantwortung zu übernehmen). Es kann sogar vorkommen, dass einmal getroffenen Verabredungen am folgenden Tag wieder verneint werden.

Tipp: Ausreichend Zeit für Verhandlungen einplanen. Für alle Verhandlungen hat sich die Beauftragung eines Dolmetschers bewährt. Er ist ein wesentlicher Faktor für das Gelingen und sollte sehr sorgfältig ausgewählt werden.

- „Ja" heißt bei Chinesen zunächst nur, dass die Aussage als solche angekommen ist; keinesfalls ist es eine Zustimmung zum gesagten. Entsprechend ist ein „Nein" auch keine ultimative Ablehnung.
  Tipp: Thema liegen lassen und zu einem späteren Zeitpunkt erneut aufgreifen.

- Viele Entscheidungen werden beim Essen getroffen. Bei festgefahrenen Situationen zeigt allein schon die Einladung zu einem gemeinsamen Essen den guten Willen. Hier können die schwierigen Themen noch einmal aufgegriffen werden.
  Weiterhin können nur so intensivere Beziehungen geknüpft werden, die so wichtig für einen Erfolg sind.
  Tipp: Ein paar Brocken Chinesisch helfen sehr, die Stimmung auf seine Seite zu ziehen.

4.4 Die Sprache

Seit 1958 wird in China für die Umschrift der Symbole in lateinische Buchstaben das so genannte PinYin – System verwendet. Die Aussprache weicht stark von deutschen Gewohnheiten ab. Nachfolgend die wesentlichen Unterschiede.

c...	ts
ch	tsch
h	ch (wie „lachen")
j	engl. j (wie „Jeep")
q	tsch
r	frz. j (wie „Journal")
s	scharfes s
sh	sch
x	ch (wie „ich")
y	j
z	ds
zh	dsch
ao	au
e	dunpfes e (fast „ö")
ei	engl. Ei (wie „eight")
ian	jen (wie „jenseits")
ie	je (wie „jetzt")
ong	ung

Bild 20: Ausspracheunterschiede des Chinesischen

Die Fakten:

- 40.000 Schriftzeichen existieren

- 2.000 Zeichen reichen für eine einfache Kommunikation

- 4 Tonhöhen sind bei der Aussprache möglich und müssen gelernt werden

- 460 Silben stehen zur Verfügung, um die 40.000 Zeichen auszusprechen

4.4.1 Die Zahlen

Das chinesische Zahlensystem ist ein Dezimalsystem ähnlich dem deutschen. Die Zahlen werden meist mit arabischen Ziffern geschrieben. Jedoch unterscheiden sich die Bezeichnungen für große Zahlen. So gibt es im Chinesischen ein eigenes Wort für Zehntausend aber nicht für eine Million.

DEUTSCH		CHINESISCH	
1.000	Tausend	1.000	qian
10.000	Zehntausend	1.0000	wan
100.000	Hunderttausend	10.0000	Shi wan (10x10.000)
1.000.000	Million	100.0000	Bai wan
10.000.000	Zehn Millionen	1000.0000	Qian wan
100.000.000	Hundert Millionen	1.0000.0000	yi

Bild 21: Die Zahlenunterschiede

4.4.1.1 Die Handzeichen

Auch in China zeigt man Zahlen gerne auch mit den Händen an. Leider führt dies in China oft zu Missverständnissen, da die Gesten wie in jeder Sprache zum Teil anders gedeutet werden.

Zahl	Deutsch	Chinesisch
1	Daumen	Zeigefinger
2	Daumen + Zeigefinger	Zeigefinger + Mittelfinger
8	8 Finger	Daumen + Zeigefinger

Bild 22: Handzeichen

5. Fazit

Erfolgreiche Engagements in China gründen nicht ausschließlich auf wirtschaftlichen, sondern in hohem Maße auf interkulturellen Kenntnissen. Aufgrund der großen Unterschiede speziell zwischen der chinesischen und deutschen Kultur, hängt der Erfolg einer Unternehmung in China in entscheidender Weise von der kulturellen Kompetenz des eingesetzten Managements ab.

Große deutsche Unternehmen sind im Gegensatz zu kleineren mittelständischen Betrieben schon längere Zeit sehr erfolgreich in China. Klein –und Mittelbetriebe scheuen meist „instinktiv" ein Engagement in China, da die große kulturelle Distanz unüberwindbar scheint. Zusätzlich erscheint die Art, wie in China Geschäfte abgewickelt werden als undurchschaubar und damit mit großem Risiko verbunden. Weitere Punkte sind die mangelnde Information über den chinesischen Markt, die unklare Rechtssituation, schwierige Personalsuche und die offensichtliche Sprachbarriere.

Bei genauer Betrachtung lässt sich feststellen, dass bei ausreichender Vorbereitung der kulturellen Besonderheiten das angesprochene Risiko deutlich sinkt und ein großer Schritt hin zu einem erfolgreichen Engagement in China getan ist.

Die Auseinandersetzung mit den in der vorliegenden Arbeit Problemfeldern ist allerdings erforderlich, handelt es sich hierbei zumeist um typische Gegebenheiten Chinas. Gerade auf dem Gebiet der Produktpiraterie besteht noch großer Aufholbedarf in der chinesischen Rechtkultur und sollte in jeden Fall besondere Berücksichtigung bei geplanten Unternehmungen in China sein.

Im Ergebnis ist die zum Teil verbreitete Scheu vor einer Unternehmung in China nicht gerechtfertigt; bei ausreichender Vorbereitung, Bewusstwerdung der möglichen Risiken und der Auseinandersetzung mit der chinesischen Kultur steht einem erfolgreichen Engagement in China nichts im Wege.

6. Informationsquellen und Kontaktadressen

6.1 allgemeine Informationsquellen über China

- BfAi in Köln mit zahlreichen Veröffentlichungen
- China aktuell (Hamburg)
- China Economic News (HongKong)
- Statistical Yearbook of the People's Republic of China (Bejjing)
- Arbeitskreis China des Ost-Ausschusses der Deutschen Wirtschaft (Köln)
- Asien Büro der Industrie - und Handelskammer (Nürnberg)
- China Council for the Promotion of International Trade (CCPIT)
- China National Import and Export Commodities Inspection Corporation (CCC)
- German Center (Shanghai)
- Handelsabteilung der Botschaft der Volksrepublik China (Berlin)

6.2 Anlaufstellen in Deutschland

Botschaft der Volksrepublik China
Märkisches Ufer 54, 10179 Berlin
Tel.: 030 / 27588-0
www.china-botschaft.de

Generalkonsulat der VR China
Romanstr. 107, 80639 München
Tel.: 089 / 17301625

Fremdenverkehrsamt der VR China
Eschenheimer Str. 28, 60318 Frankfurt
Tel.: 069 / 520135

7. Schlusswort

Ziel dieser Arbeit war es, dem Leser hilfreiche Informationen für ein geplantes Engagement in China zu bieten. Anhand von Beispielen wurde versucht, auf die speziellen Anforderungen und Gegebenheiten der VR China einzugehen.

In der Praxis treten im Rahmen eines Industrialisierungsprojektes zahlreiche Problemstellungen auf, die gelöst werden müssen. Die vorliegende Arbeit liefert hierzu Anregungen, Lösungsvorschläge und Handlungsempfehlungen.

Sämtliche Informationen beruhen auf eigener Erfahrungen. Sie stellen Einzelbeispiele dar und können nicht sämtliche Facetten des wirtschaftlichen Lebens in China abdecken. Trotzdem stehen diese Erfahrungen stellvertretend für die Besonderheiten bei einem Industrialisierungsprojekt in China.

Die Herausforderung, sich in einem derart starken Markt wie China zu etablieren und zu bestehen ist eine der größten der heutigen Zeit. Weitere Märkte werden folgen. Auch hier müssen wieder besondere Rahmenbedingungen berücksichtigt werden, auch hier gibt es wieder kulturelle Besonderheiten und schließlich besteht auch hier nur derjenige, der am besten mit allen Faktoren zurechtkommt.

Thomas Zimmermann
Heidenheim, im Januar 2008

Bildverzeichnis

Formel – und Abkürzungsverzeichnis

[1] $\qquad$ $TEEP = \dfrac{\text{Anzahl Gutteile} \times \text{Taktzeit in sec}}{\text{theoretisch verfügbare Arbeitszeit (24 Std.)} \times 3600 \text{ sec}} \times 100$

[2] $\qquad$ $OEE = \dfrac{\text{Anzahl Gutteile} \times \text{Taktzeit in sec}}{\left(\begin{array}{c}\text{theoretisch verfügbare Arbeitszeit (24 Std.)}\\ \text{- geplante Stillstandzeiten}\end{array}\right) \times 3600} \times 100$

AHK	Außenhandelskammer
CBU	completely built up (komplett zusammengebaut)
CIF	cost, insurance, freight
CJV	Cooperative Joint Venture
CKD	completely knocked down (komplett zerlegt)
CNY	China Yuan (Währungszeichen)
EJV	Equity Joint Venture
EA	Equipment availability
KPCh	Kommunistische Partei Chinas
LOI	Letter of Intent (Absichtserklärung)
OEE	Overall equipment effectiveness
TEEP	Total Effective equipment productivity
VR	Volksrepublik China
WFOE	Wholly Foreign Owned Enterprise
WTO	World Trade Organization

Literaturverzeichnis

Abele; Kluge; Näher, Handbuch Globale Produktion,1. Auflage.
München: Hanser, 2006

AHK China (2003), www.china.ahk.de

AHK China (2006), www.china.ahk.de

Botschaft der Volksrepublik China in Deutschland (2006), www.china-botschaft.de

Chinesisches Wirtschaftsministerium Peking (2006), http://englisch.mofcom.gov.cn

Corne, P.: Foreign Investment in China.
The administrative Legal System. HongKong 2003

Genehmigungsbehörde Jinan, Shandong Provinz, 2005

Gps-logistics (2006), www.gps-logistics.com

Heuser R., Einführung in die chinesische Rechtskultur. Institut für Asienkunde, 1999

IHK Pfalz (2006), www.pfalz.ihk24.de

REFA-Verband (Hrsg.): Nutzwertanalyse, IE – Praxiswissen zu Modul 3220313, 2005

REFA-Verband (Hrsg.): Projektmanagement,
IE-Praxiswissen zu Modul 6320764, 2005

Wikipedia (2006), www.wikipedia.de